明日の自分が確実に変わる

10分読書

吉田裕子

集英社

目次

第2章

1日10分読書から始めよう …… 63

第3章 「今すぐ効く本」「じわじわ効いてくる本」 89

第4章 「吉田式読書」私が読書で得てきたもの 117

第5章　読書後のアウトプットの楽しみ……151

はじめに――10分読書から広がる世界

「読書なんて無意味だ」と本気で思っている人はいません。

「本は何の役にも立たない」という人もいないでしょう。

――少なくとも、この本を手に取ってくださった人の中には。


「読書はいいものだ」

「本の世界には素敵な物語や豊かな学びがある」

そのことはみなさん、ご存じのはずです。


読書の大切さは分かっているのに、思うように行動に移せていなくてももどかしい。

ほとんど本を読めていない現状に後ろめたさがある。名作を知らないことが恥ずかしい。そういう「読書コンプレックス」を持っている人がむしろ多いのではないでしょうか。

コンプレックスというのは厄介なもので、ひとたび抱いてしまうと、どんどん膨らみます。やがて肥大化して手がつけられなくなります。

大きな読書コンプレックスを抱えてしまうと、読書を遠ざけてしまうように……。「最近、本読んでいないな」の「最近」が1か月になり、半年になり、1年になる。間が空けば空くほど、次に本を読むことのハードルが上がってしまいます。これはもったいない限り！

だから、「10分読書」と掲げました。

わずか10分、たかが10分、と思って、また、読書の世界に足を踏み入れてほしいのです。

たった10分でも、大きな意味があります。

毎日10分読んでいれば、1か月で1冊くらいは読み終えることができます。1年で

12冊です。

また、読書時間0分の人はずっと0分のままですが、読書時間が10分の人は15分になり、30分になり、1時間に増えていく可能性があります。

もちろん、1日10分の読書のままでも構いません。

その10分間の読書で出会ったひとつのエピソードが、数日経っても胸に残り続けていることがあります。ふと読んだひとつのセリフが忘れられず、数年後の行動を変えることもあります。そんな本との出会い方のヒントを伝えたいと筆を執りました。

私は塾やカルチャースクールなどで国語を教えていますが、国語講師としてのモットーは、「国語で人生に輝きと潤いを」。

本はたくさんの気づきや成長をもたらしてくれますし、暮らしに美や楽しみを増やし、人生をより深く味わう手伝いもしてくれます。

さあ、本の世界へ。10分読書から始めましょう。

序章

「読書」は
コスパが抜群！

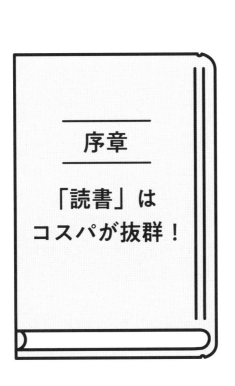

読書しないともったいない！

「本を読もうよ」と言おうものなら、「また読書のススメ？　そんなの聞き飽きた！」といううんざりしたリアクションが目に浮かびます。

なぜなら、私は現役の塾講師。大学受験塾で中高生の国語を担当しているので、日々、10代の若者たちと接しています。もちろん「本が大好きです！」という生徒もいますが、「読書」と耳にしただけで敬遠ムードを漂わせる人がいることをリアルに体験しています。

「先生、自分は国語ができないんですが、本は日頃から読んだ方が良いですか？」と質問してきた生徒でさえ、私が「小説でもいいし、自分が興味のある分野の本でもいいし、何でもいいから週1冊、いや、月1冊から始めようよ」と答えると、「そうですよね……」と遠い目をしてしまうのです。そして、読まない。

私が教えているのは、最難関大学を目指すような生徒たち。東京大学を目指している高校生の中にも、男女を問わず、「読書は苦手」「本は一切読まない」という人が意外なほど存在します。ただでさえ、学校に塾に忙しい高校生。「寝たい！」「友達と遊びたい！」「音楽を聴きたい！」という気持ちはよく分かるのですが……。

そんな読書離れの状況を目の当たりにしていても、私はやはり声を大にして伝え続けたいと思います。高校生も、大人も、忙しい中でも本を読もうよ、時間がないからこそ、本を読もうよ、と。

私の実感として、自己投資の中でも「読書」ほどコストパフォーマンスの高いものはそうありません。お金というコスト、時間というコスト、どちらから考えても、読書は効果が高いのです。勉強や仕事の基盤となる力を伸ばし、効率化を実現してくれるので、読書はかえって時間の捻出につながるとさえ思います。

私自身、読書のおかげで、これまでにたくさんの素晴らしいものを手にしてきました。私は講演や研修を担当する際、よく次のように紹介されます。

「三重県四日市市出身。公立高校から塾や予備校を利用せずに、東京大学文科三類に現役合格、さらに教養学部超域文化科学科を学科首席で卒業……」

この経歴がきっかけで、これまでに『東大生の超勉強法』（栂出版社）といった勉強術の本も出版しました。どんなふうに勉強したら、独学で、現役で東京大学に入れるのか？　その点に多くの方が興味を持ってくださるようで、この本は版を重ね続けています。

もちろん、この合格にはいくつもの要因があります。ただ、ひとつ確実に言えることは、大きく影響したのが「読書」だということです。本を習慣的に読むことで培われた力が、受験のいろいろな局面で私を強力にサポートしてくれたことは間違いありません。

読書は単に国語の学力向上につながっただけでなく、読解力を高めることにより、全教科の問題文の理解力も上げ、参考書での独学も可能にしてくれました。

さらに子どもの頃から分厚い本に挑戦し、読み切る経験を重ねてきたことは、「粘り強さ」「自信」「やり抜く力」を育ててくれたように思いますし、ずっと好きで本を読み続けてきたので、本は面白いというイメージが基本にあり、受験時も古文や世界史の参考書を読むのは楽しみで、1日に十数時間勉強していた時期も、「意欲」「好奇心」はずっと消えませんでした。

読書は、学力も非認知能力も育ててくれるものだと思います。

だから、私はいつも生徒たちに言うのです。

「読書しないと、もったいないよ！」と。

私を大きく「動かした」1冊の本

子ども時代の私は、特別に文学少女だったというわけではありません（ですので、『まなの本棚』などで分かる、芦田愛菜さんの読書ラインナップと読書量には頭が下がります……）。

物語が好きで好きでたまらなかったというよりは、「他に楽しいこともないから、本でも読もうか」というのが、正直な読書の動機です。田舎の小・中学生が自力で出かけられる範囲にはたいした遊び場はありません。また、スマホもない時代、家では、1台のテレビのチャンネル争奪戦。夜遅くなって自室に入れば、テレビは見られません。じゃあ、本でも読むかな……という消極的な選択肢としての読書でした。

ただ、新鮮な刺激を求める中、活字中毒だったのは確かだったようで、目に入る文字という文字を追う習性だけはありました。小学生の頃から食事中はよく調味料のラベルを読んでいたそうです。

最初の「本」との出会いは、きっと多くの方がそうであるように、母による絵本の読み聞かせでした。ひとり立ちして絵本を読むようになり、その後は図書室・図書館で借りるなどして、当時子どもたちの間で流行っていた絵本や読み物、たとえば『エルマーのぼうけん』（ルース・スタイル・ガネット）、『ズッコケ三人組』シリーズ（那須正幹）などを読むようになりました。

そんな中、小学校の高学年でしょうか、1冊の本に出会いました。

『少女パレアナ』（エレナ・ポーター）という本です。『赤毛のアン』（L・M・モンゴメリ）の翻訳で有名な村岡花子さんが訳されています。テレビアニメ『愛少女ポリアンナ物語』や絵本などにもなっているので、ご存じの方もいらっしゃると思いますが、簡単にストーリーを説明しておきます。

早くにお母さんを亡くし、とうとうお父さんも亡くしてみなしごになってしまったパレアナは、叔母さんのおうちに引き取られることになりました。この叔母さんは、とても気難しくて、パレアナにもとても厳しく当たります。ですが、パレアナは亡くなったお父さんと、ひとつの約束をしていました。それは「喜びの遊び」というゲームをすること。これはいつでも、どんなときでも、すべてに喜びを見出そうとするものでした。大変なことがあっても、いつも喜びの遊びで乗り越える快活なパレアナの姿が、少しずつ周りを変えていきます。やがて、このゲームは町中に広がって、叔母さんも含めた町全体を明るく変えていきます。

この話に、私は大変感動しました。当時、アニメ『アルプスの少女ハイジ』（ヨハンナ・シュピリ）もお気に入りだったので、元気な少女が周囲を明るく変える、という物語が好みだったのだと思います。そこで普通なら、単に子どもの頃に好きだった本ということで終わりそうなものですが、私はそれから折につけ、この本を読み返し、パレアナをさらに好きになり、影響を受けていきました。

今でこそ、生徒から「吉田先生の授業を受けると元気になる」「いつも先生はパワフルですね」と言われるのですが、中学生の頃、私は学校生活が楽しくなく、塞《ふさ》ぎ込みがちでした。後ろ向きな考え方ばかりしていました。しかし、ふとしたタイミングでこの本を読み返し、パレアナの真似をして「喜びの遊び」を始めてみました。

雨が降ったときには「濡れてしまうからイヤだなあ」ではなくて「お気に入りの傘が使えてうれしい！」。嫌いな人と同じクラスになってしまったときは、「うわあ、精神力が鍛えられるなあ！」。パレアナに負けじと、どんなことでもポジティブに切り替えました。そんなふうにゲームを続けるうちに、どんな状況の中からも喜びを見つけられるポジティブな考え方になっていったのです。

心理学に詳しい人なら、これが「認知療法」になっていたのだとお気づきかもしれません。「認知療法」とは、人が成長する過程で身につけた、被害妄想などの「認知の歪《ゆが》み」を修正する心理療法のこと。元々悲観的に物事を解釈しがちだった私は、パレアナのおかげで、精神的な歪みを解消できたのです。子どもの頃は、そんな学問的なことは考えていませんでしたが……。

大学生になってからも、社会人になってからも、私は『少女パレアナ』を人生の節目節目に読み返しています。新しい環境に向かうときなどに、パレアナの姿勢を思い出すことが、前に進む力になります。

1冊の本には、人を変える力がある。

そのことを私自身が実感し、読書にとても感謝しているからこそ、誰もがそういう1冊と出会えるといいな、と願うのです。

「読書」は、もっと自由なものだ！

「手始めに、どんな本から読めばいいですか？」

国語講師をしていると、受講生からよく聞かれる質問のひとつです。そのたびに私は「好きな本を読んでください」と答えるのですが、相手にはキョトンとされてしまいます。きっと、「王道」「正統派」「正解」を答えてもらえると思っていたのでしょう。

もちろん、私なりにおすすめの本はあります。本書でも、本文中で随時おすすめの本に言及しますし、各章末にもテーマ別に推薦書を挙げています。しかし、それは単に、私のおすすめ。万人にとって常に「正しい」選択ではありません。読書には正解はありません。

ですから、「あの本は読んでおかないと恥ずかしい」とか「最低でもこれは読んでおかなくちゃ」という〝呪い〟から、まずは自由になりましょう。

自分が気になる本を選ぶ。読みたいなと素直に思った本を読む。名作でなくても、文学史に残るような古典作品でなくても、まったく問題ありません。

「この本を読まなければ出会えなかった」――そういう言葉や世界観との出会い。日常生活にはいないキャラクターの登場人物との出会い。それらによって、自分の中の何かが動く。影響されて新たな行動が引き出される。思い出の意味づけが変わる。そうしたことこそが、読書の価値です。

何冊読んだかも気にする必要はありません。それよりも心の動き、身体の動きの方がずっと大切です。

読書に慣れてきて、自分が読みたい本を読み尽くしたとき、より広い世界に出会ったり、知らない分野を覗いたりしたくなるかもしれません。そのときには、道しるべとして、本書のおすすめを始め、様々な「読書案内」を活用するといいでしょう。

たとえば、

●憧れの著名人や友人がすすめる本
●各出版社が選ぶ「夏の100冊」などの書籍リスト

●文学史の年表に掲載されている作品
●世界や日本のベストセラー　　など

参考にできる本のリストはたくさんあります。

ただ、これらから読書生活をスタートしなくては、と思わないでください。意気込んで「リスト制覇！」なんて目標を掲げてしまうと、たいてい挫折《ざせつ》してしまいます。本は義務感で読むものではありません。他人に見栄を張るものでもありません。ただ、自分の心が動けばいい。身体が動けば、さらにいい。何を読むかよりも、あなた自身が何を得るかの方がずっと重要なのです。

今、読みたい本を読みましょう。

それが、そのときの唯一の「正解」です。

「スマホか本か」ではなく「スマホも本も」！

現在の私は、国語講師という仕事を抜きにしても、まずまずの読書好きです。忙しい中でも、隙あらば本を読んでいますし、難解な本を読む息抜きには読みやすい本を読むこともあります。でも、だからといって、1日中読書ばかりしているわけではありません。

よく読書と対比されるものにスマホがあります。
「最近の若者はスマホばかりいじって本を読まない」
「電車の中で昔は本を読む人が多かったけど、今はみんなスマホ」
と批判的に言われることが多いのです。

こういうのを聞くと、スマホ好きな若者はうんざりしてしまうでしょう。説教臭い声から耳をふさぎ、さらにスマホに没入してしまうのもやむなしという気もします。

こういう単純な二項対立は、あまり意味がありません。かえって害悪だとさえ思います。「スマホか本か」でなく、「スマホも本も」でいいではないですか。

私も「スマホも本も」派です。スマホに触れている時間も結構長いと思います。

タイムリーな情報収集には、ニュースサイトやＳＮＳのチェックは欠かせません。Twitterの趣味アカウントもフル活用しています。ゲームは大好きでのめり込んでしまうだけに、最近控えていますが、育成系のアプリは入れて、たまに愛《め》でています。またいわゆる「芸人」さんの生き方が好きなので、カジサックの芸人対談回や講談の神田伯山さんのチャンネルなど、YouTubeもそれなりに見ています。

でも、スマホをいじるばかりでは「時間を溶かしてしまった」と罪悪感に襲われるものです。そこで、私の場合は、耳をフル活用しています。動画の音声だけを聞いたり、ラジオを聴いたりして、耳を楽しませつつも、目は本を読むようにするのです。特に、バックグラウンド再生機能がある、つまり、他のアプリを動かしながら音声が聞けるアプリは重宝しています。満員電車で、本を取り出すのは難しいけれど、スマホなら出せる、というときはスマホのKindleアプリ（Amazonの電子書籍アプリ、専用端末がなくてもスマホにアプリを入れればＯＫ）で本を読むようにもしています。

頭を使うにも緩急が必要です。無心に動物の動画を眺める時間も必要です。ですから、全ての自由時間を読書に充《あ》てようなどとすすめるつもりはありません。でも、今それらの時間を全てスマホでのゲーム、SNS、ニュースや掲示板の閲覧に充てているとしたら、そのうち「10分」だけ読書に向けてみませんか、と提案したいのです。朝起きてからの10分、寝る前の10分、電車の中での10分。場所も時間もお好きなように。毎日、時間帯もバラバラで構いません。ただ、1日のうち「10分」は、本を読む。それだけのことで、1か月後、半年後、1年後、3年後……、あなたの未来は着実に変わります。

かつて私が本で大きく人生を変えたように。

それこそ、考え方が180度変わるような出会いもあるかもしれません。少しだけ考え方を改善してくれる本もあるでしょう。たとえ、それが成長グラフをほんの1度上向かせるだけの変化であったとしても、時が経てば、その影響は大きく表れるものです。

有名な話ではありますが、

$1.01^{365}=37.8$

という数式があります。毎日1%だけ成長すれば、1年後には爆発的に成長していられるよ、という教訓です。10分読書はそんな成長を叶えてくれる習慣です。

まずはここから、マンガ de 名著

大著に挑む際、入門書を先に読んで大枠をつかんだ上で実際の本を読むという方法があります。中でも便利なのが、マンガ。ビジネス書や哲学書もストーリー仕立てで親しみやすいです。

経済学の名著を時代背景とともに理解

雇用・利子および貨幣の一般理論　—まんがで読破—

「政府が積極的に経済に介入し、金融緩和や公共事業で景気を良くする」というケインズの理論がどう生み出されたか。社会背景から描かれているため、実感を持って理解できます。小説から哲学書まで幅広い名著を取り上げる「まんがで読破」シリーズで特におすすめ。

ケインズ　著
Team バンミカス　画
イースト・プレス

1帖8コマで54帖の大作を大づかみ

まろ、ん？—大摑源氏物語

『源氏物語』のあらすじを1冊で理解。源氏のマンガ版は、王朝ロマンの雰囲気漂う『あさきゆめみし』(大和和紀)、可愛らしい『はやげん！』(花園あずき) など色々ありますが、本書はゆるキャラ風な絵柄が特徴。ただ、系図や背景説明も充実し、意外にも本格派です。

小泉吉宏
幻冬舎

ビジネス書の古典がストーリーマンガに

まんがでわかる 7 つの習慣

自己啓発本の名著『7つの習慣』、原著は少々分厚いので、挫折しがち。本書は、バーテンダー見習いのヒロイン・歩の成長物語としてマンガ化。ストーリーを楽しく読み進めながら、原著のエッセンスを学ぶことができます。マンガを読んでから原著に挑戦するのも◎。

フランクリン・コヴィー・ジャパン　監修
小山鹿梨子　画
宝島社

近代文学の名作×個性的ホラー漫画家

人間失格

『人間失格』は、太宰治が入水自殺する直前に書いた中編小説です。フィクションですが、自伝的・私小説的な作品だと見られています。単に、小説をマンガ化した、というのではない、漫画家と小説家の個性のぶつかり合いによる化学反応を楽しめる作品です。

伊藤潤二
太宰治　原作
小学館ビッグコミックス

第1章

本を読むことで得られるもの

「こんなの読書じゃない」という呪い

「読書」という言葉を耳にしたとき、人は2つのタイプに分かれるような気がします。ニッコリ顔を上げ、前のめりになり、「それで？　読書についてのどんな話？」と興味津々な態度になる人と、何となくうつむき、「早くその話題が去ってくれないかなあ」と言わんばかりに目をそらす人。

これが、「野球」だったらどうでしょう？　野球の話題でも、食いつく人と無関心な人に分かれるでしょう。ただ、その場合はどちらも堂々とその立場を表明するのではないでしょうか。

「私は野球が大好き」という側だけでなく、「野球には興味はありません」という人も、その意をはっきり言うでしょう。場合によっては、「何で野球に夢中になれるのか分からないよ」などと強く言うかもしれません。

ところが、これが「読書」になると、かたや読書好きはちょっと自慢気、もう一方はちょっと気まずそうな、己を恥じるような態度になるわけです。どうも「読書」は、していないと恥ずかしい大人のたしなみのように思われています。

そこまでは言い過ぎかもしれませんが、次のような考え方には、思い当たる方も案外多いのではないでしょうか。

●「読書」というのは少し敷居が高い。

●教養があるかないかの判断材料にされてしまう。

●読書が好きというと感心されて、あまり本を読まないというとバカにされる。

●〇〇を読んだことがあるかどうかが、一種の「踏み絵」になる。

こうした考え方が広くあるため、本を十分に読まずに来たことを後悔している方もいるかもしれません。

「本当は読んだ方がいいんだろうな。でも、今さら遅くないかな。そもそも自分に本が読めるのだろうか。国語も好きではなかったしな……」と。

ここではっきりきっぱりお伝えしたいのは、読書は「苦行」ではないということです。もちろん義務でもありません。読んでいないから恥と思う必要はありません。本を読まない人にも、立派な大人はいます。正しい読書という模範解答があるものでもありません。

まず分かってほしいことがひとつあります。
それは、既にあなたは「文章を読む」経験をたくさんしてきているということです。仕事や生活の中で、自然に文章と触れてきているのです。現代の社会では、意外とみんな、何かをちゃんと読んでいるのです。

たとえば、日々の仕事でメールをやり取りしている。
たとえば、毎日チェックするニュースサイトがある。
たとえば、好きなタレントのブログを更新されるたびに読んでいる。
たとえば、Twitterでフォローしているアカウントがたくさんある。

もっと時間をさかのぼれば、学校でも「国語」の授業はありましたよね。国語だけでなく、社会や理科などの様々な教科書もかつては読んでいたはずです。仕事に必要な資格を取るときに、資格の本を読み込んだ人もいるでしょう。一人暮らしを始めたときに、料理の本を買ってきた経験はありませんか。

知らず知らずのうちに、本に触れ、文章を読んでいるのです。

ただ、こんなふうに並べると、「そんなのは読書とは言えない！」という声が聞こえてきそうです。そして、読書家よりも、「自分は読書が苦手だ」と思っている人ほど、そう主張するような気がします。

いいえ、読書はそんなに了見の狭いものではありません。

製本され、書店に並ぶ本だけが、「読む」対象ではありません。文学史上の名作、古典や名著と呼ばれる本でなくても、ある程度まとまった文章を読んでいるのであれば、それはひとつの読書体験です。雑誌に載っていた好きなアーティストのインタビュー記事を読むのだって、読書。読書はもっと広く定義していいのです。

私にとっての「読書」の定義はひとつだけ。

それは、「言葉を読むことによって、自分の世界を広げること」です。

教科書を読んで、新しい知識を得る。物語が心の琴線に触れ、価値観が変わる。ビジネス書を読んで、新たな行動に出る。変化は大きくても小さくてもいい。そんな言葉との出会いは全て読書です。

媒体は何でもいいのです。

誰かのツイートを読んで大笑いしたり、町の広報誌で紹介されていた小さな美術館に興味を覚えて、すぐに出かけてみたり。

心が動く、身体が動く。

そうなればもう、それは立派な読書体験だといえるでしょう。

読書は何の役に立つ？

「子どもの頃は本を読むのが大好きだったんだけど……」という人はたくさんいま

す。私は35歳ですが、同世代や少し上の人たちと話をしていると、「大人になると、本を読まなくなった」「最近は本も雑誌も全然買ってない」という人の多いこと!

読書から遠ざかった人たちが、本を読まなくなった理由として挙げるのは、たいてい2つ。

まず「時間がない」。

そして、「目の前の日々に役に立たない」です。時間の話は第2章で詳しく述べたいと思うので、ここでは「読書は役に立たないのか?」について、掘り下げて考えてみたいと思います。

「本を読んでも、すぐに内容を忘れちゃうから意味ないんじゃないかな」

「今までいろいろ読んできたけど、それで自分の生活が変わったとは思えない」

それで、本を読んでも仕方ないと考えている人は多いようです。読書をして何が残るの、と。

たとえば、これが「資格試験」であれば、時間をかけて勉強した結果、合格したとき、かけた時間や労力は資格という目に見える形になって残ります。ところが、「読書」の場合、いくら時間をかけて読んだとしても、「これを読み終わったら読書1級」となるものではありません。具体的な形として成果が残るわけではないのです。読み終わったから出世する、とか、年収がアップする、とか、そういう社会的評価とも無縁でしょう。となると、読書に費やした時間や労力がどんなものに変わったのか、変換効率をはっきりと確認することはできません。

目の前の仕事に役立てるのであれば、本を1冊読むよりは、『日本経済新聞』や雑誌で知りたいテーマに絞って記事を読む方が効率は良く、すぐに結果が出るかもしれません。短いスパンで考えると、情報のキャッチアップには本は使いづらいと思われても仕方がありません。

でも、すぐに役には立っていないように見えた読書でも、必ずじわじわと効いてきます。

飲んだらすぐに頭痛が止まる。そんな即効薬ではなくて、漢方薬のような本が多いのです。じわじわと体質を改善する。なりたい自分、より良い自分に近づく方向へ、ゆっくりと効き目をあらわします。それは、１か月後かもしれないし、３年後かもしれない。長い場合には10年後、20年後かもしれません。いつ効果があらわれるのか、確かなことは言えません。

ただ、読書体験を積み重ねていくことで、いつか、確実に何かが変わります。

また、現実自体をすぐに変えることはないかもしれませんが、現実の捉え方を変えてくれることがあります。事実はひとつでも、解釈は様々です。状況はすぐに改善しなくても、その捉え方が変わることで、問題解決に進み始めることができるのです。

言葉のニュアンスが分からない受験生たち

私は大学受験塾の国語講師として、中高生、特に、東大をはじめとする最難関大学を目指す受験生たちを教えています。時々、そういう生徒でも、あまりにも言葉を知らないことに愕然《がくぜん》とすることがあります。

学校でも漢字テストなどを実施しているので、漢字は知っているのです。ある程度は読めるし、意外に書ける。一応、選択肢があれば正解を選べる程度には意味も知っています。しかし、それぞれの言葉の持つ繊細なニュアンスや意味の強弱がわからない。

たとえば、「卑下」という言葉があります。文字の通り、卑しめる、下げる、という意味の語です。みなさんはどちらの文を自然に感じますか？

①他人を卑下してばかりで、自分の実力は伴っていない。
②君は十分に力があるんだから、そんなに卑下してはいけないよ。

②の自分を謙遜する使い方が一般的ではないでしょうか。辞書によれば、明治時代のごく一部の文章で、①の他人を貶《おとし》める言い方も出てくるのですが、やはり例外的な使い方です。「いやいや、私なんて……」とへりくだるのが「卑下する」であり、自分や身内のことを「拙著」「愚息」「弊社」のように下げて言う慣習の一環です。

こういう細かい使い方がピンと来ない高校生が増えています。

このような勘違いの例は、他にもたくさんあります。文脈と切り離して字や単語として覚えているので、漢字テストでは点数が取れていても、小論文の中で適切にその語を使うことができません。妙な言葉の使い方をしているものに出くわすと、私は違和感がぬぐえません。

たとえば、次のような一文。

今日は勘が冴《さ》えているから、ともすると、テストのヤマが当たっていてうまくいくかもしれない。

「ともすると」の使い方に注目してください。

「ともすると」の意味は辞書（『大辞泉』）では

どうかすると。場合によっては。ややもすると。ともすれば。

となっています。

単にこのまま丸暗記して、「ともすると＝場合によっては」とだけ思い込んでしまうと、前記のような文をつい書いてしまいます。

文章をたくさん読んでいる人には、先程の文は大変居心地が悪いのです。というのは、「ともすると」は、後ろにネガティブな意味合いの語が来る場合にしか使わない副詞だからです。「うまくいくかもしれない」というポジティブな文脈が続くのは、やはり「変」なのです。この「変かどうか」に気づくセンスは、読書量の足りない生徒にはなかなか育ちません。

語法・語感は習うものでなく、実際に目にする中で、何を自然と思うかの感覚を培っていくものです。その感覚が育っていないと、日本語を勉強中の外国の方のような、「てにをは」が不自然な文章を書いてしまいます。どんなに見直しても、何度推敲をしても、言葉のセンスが備わっていない人は、おかしさに気づきません。

メールや報告書などで変な日本語を書かないために、たくさんの文章に触れておく必要があるのです。

「耳から」情報をキャッチできないと、損をする!?

本を読むことで鍛えられる能力のひとつに「聞く力」があります。

「読む」と「聞く」がどういう関係なのか？　そう思われるかもしれませんが、耳で聞いた話の意味を正しく理解するには、言葉のストック、つまりボキャブラリーが自分の中に存在していることが前提となります。

たとえば、次の文章を「音《おと》」として耳で聞いた場合を想定してみてください。

もしやよじまでにぜんかいしてやくそくをりこうすることができなかったら、きのせまいおんなのことだからなにをするかもしれない。なさけないしぎになってきた。どうしたらよかろう。まんいちのことをかんがえるといまのうちにういてんぺんのことわり、しょうじゃひつめつのみちをときさかして、もしものへんがおこったときとりみださないくらいのかくごをさせるのも、おっとのつまにたいするぎむではあるまいかとかんがえだした。

この文章を正しく理解するためには、自身の中で「音」から「文字」への変換が必要になります。

もしや四時までに全快して約束を履行する事が出来なかったら、気の狭い女の事だから何をするかも知れない。情けない仕儀になって来た。どうしたら善かろう。万一の事を考えると今の内に有為転変の理、生者必滅の道を説き聞かして、もしもの変が起った時取り乱さない位の覚悟をさせるのも、夫の妻に対する義務ではあるまいかと考え出した。

（夏目漱石『吾輩は猫である』より抜粋）

「りこう」が「履行」、「ういてんぺん」が「有為転変」、また「しょうじゃひつめつ」が「生者必滅」だとわかるためには、その言葉を知っていることが必要です。さらに、一度聞いて文章の意味を理解するためには、それらの言葉が十分に使いこなせる語彙の中に入っている必要があるのです。

私たちは、生活の中で、多くの情報を耳から得ています。

あまり難しい言葉を使わない日常会話、パターンがある程度決まっている駅・電車のアナウンスであれば、難なく聞き取れて無意識のうちに理解できますね。しかし、講演、落語や講談などの話芸、歌舞伎などの芝居になると、理解できる・できないが、個人のそれまでの「言葉のストック量」によって大きく変わってしまいます。語彙力はリスニング力に直結するのです。

塾で授業をしていても、語彙力＝リスニング力の差を感じることがあります。口頭での説明を聞き取れないと、リアルタイムで授業に参加することが難しく、ただ板書された内容だけを写し取る状態になってしまいます。十分に聞き取れる人は、板書に加え、口頭でのみ話されたポイントもメモすることができます。工夫された説明や余談に笑う余裕も出てきます。耳で聞く力を持っている人の方が、吸収する情報の量が豊かですし、何より授業に参加することが楽しいのです。

仕事の打ち合わせなどでも、耳で聞いただけで理解できないと厄介です。異業種に転職したてのときなど、口頭だけでは、何を言っているのか分からない。だから、適切な返事や発言もできない。よって、会話に参加できない。打ち合わせの盛り上がりから置いていかれる……。そんな困った事態が発生します。つまり飛び交う言葉を予習しておく必要があるのです。

耳からの情報をキャッチできないということは、情報への大切なアクセスの手段のひとつを失うことであり、学びや仕事の上で不利になり、娯楽の面でも損です。

本を読んで、自分の周囲の日常会話だけでは遭遇しない言葉のストックを増やしておき、リスニング力をアップしましょう。

本を読むことで得られるもの　その①　語彙力

人は、年を重ねる中で言葉の数を増やしていかなければなりません。いつまでも子どものような幼稚な言葉を使い続けるわけにはいきません。大人になって、仕事などの公的な場での会話で「マジで」「ぶっちゃけ」「キモい」などと言っているわけにはいかないのです。

あと、語彙力がないと、知識や教養に欠ける人だと呆れられてしまいます。政治家が「未曾有（みぞうゆう→正：みぞう）」「云々（でんでん→正：うんぬん）」「教諭（きょうろん→正：きょうゆ）」などと、漢字の読み間違いをした件が報じられたことがあります。もちろん、多少漢字を知らなくても、優秀な政治的能力があれば問題ないのでしょうが、どうしても、勉強不足や頼りなさを印象づける結果になってしまいました。

言葉のストックは、一般的には語彙（ボキャブラリー）と呼ばれています。齋藤孝先生に、『語彙力こそが教養である』という本がありますが、語彙力はその人の教養そのもので、年齢に見合う語彙力を持っている人は知性があるとみなされます。

語彙を増やすチャンスは、「話し言葉」でなく「書き言葉」の中にこそあります。まさに読書によって、語彙力を培うことができるのです。

語彙には「認知語彙」と「使用語彙」があります。見たことがあり、意味を何となく知っている、という程度が「認知語彙」です。実際に、会話や文章の中で自然に使いこなせる範囲が「使用語彙」です。

単に「認知語彙」として言葉を知るだけなら、辞書を丸暗記したり、漢検の問題集などで言葉を学習したりする手もありますが、「使用語彙」にするためには、書き言葉である本を通じて、継続的に見知らぬ言葉に触れることがとても大切です。

言葉は、出会ってすぐに使いこなせるものではありません。前述したように、ニュアンスをきちんとつかむためには、単に辞書で意味を知るだけでなく、ある程度の回数、自然な文脈の中で触れてみる経験が必要です。自分自身の中に積み重なっていった言葉の経験が、あるとき自然に湧き出てくる。そんなプロセスで、使用語彙が増えていきます。新しい言葉が自分のものになるのです。

コップに一滴の水がポトリ、ポトリとたまっていって、ふちを越えたときにあふれ出すように、言葉の数もある水準を越えたときに、一気に言葉遣いが変わる瞬間があります。

自然な会話の中で繰り出される発言の語彙のレベルの高さが注目されるのが、俳優の芦田愛菜さんと将棋棋士の藤井聡太さんです。同年齢の人よりも、明らかに大人びた話し方をしていて、しかも、それが決して不自然ではありません。

二人とも幼い頃からたくさんの本を読んできているそうです。「なるほど、だからこそ、あの語彙力なんだな」と膝を打ちました。書き言葉に触れ続けているからこそ、実生活の中で、自然に使える言葉の水準も高まるということがよくわかる好例です。

なお、言葉遣いというのはＴＰＯに応じて使い分けることが求められます。

先ほど槍玉に挙げた「マジで？」も、仲間うちであれば、使っても問題はありません。しかし、改まった場所においてはきちんとした、正しく美しい言葉遣いが必須です。言葉遣いは、「この人は信頼できるかどうか」を測る目安とされることがあるからです。

「この言葉遣いなら、どこに出しても恥ずかしくない」
「こんなふうに話せるなら、あの人に紹介できる」

そんなふうに思ってもらえれば、言葉遣いひとつで、世界が広がる可能性があります。語彙力というパワーが連れていってくれる新しい世界に出会うことができるでしょう。

その点で言えば、関ジャニ∞の村上信五さんは、読書がもたらす語彙力によって自分の世界を広げた人だと思います。

実は私は以前から村上くんのファンなのですが、ある時期から彼の語彙力が劇的にレベルアップし始めたことに気づきました。もともと村上くんは大阪府高槻市出身のやんちゃな少年といったキャラクターで、若い頃の言葉遣いは、いわゆる「あんちゃん」的な、気さくでくだけた雰囲気でした。

ここ数年、司会・MCの仕事が増えていく中で、次第に使う言葉が変化してきました。そして、決定的に語彙力が上がったのが、2018年春にラジオで経済をテーマとしたレギュラー番組を担当し始めてから。現在も続いている『村上信五くんと経済クン』（文化放送では毎週土曜日、朝9時〜10時）です。この番組では、毎回、経営者や経済学者などの様々なゲストと村上くんが語り合います。この番組が始まった頃から、四字熟語や慣用句、ことわざを会話に取り入れることが増えてきました。

その語彙力は、読書の賜物《たまもの》のようです。というのも、ラジオの対談を聴いていると、明らかに、事前にゲストの著書をしっかり読んでいるとわかるのです。その勉強の甲斐もあって、ゲストの方々から通り一遍ではない話を引き出せているのですが、他の関ジャニ∞メンバーの情報によると、忙しいスケジュールの合間を縫って、楽屋などでも付箋《ふせん》を片手に本を読んでいるということです。

関ジャニ∞の最近のツアーグッズにも驚かされました。メンバーそれぞれが好きな言葉を書くところに、村上くんは「人の己《おのれ》を知らざるを患《うれ》えず人を知らざるを患うるなり」と書いていたのです。これは『論語』の言葉で、「自分のことをみなが全然分かってくれないと嘆くのではなく、自分が世の中の人々のことを理解できていないことの方を気にすべきだ」という教えです。彼が何かしら、『論語』に関する本を読んでいることが分かります。

eighter（関ジャニ∞のファン）としての贔屓《ひいき》話が少し長くなってしまいましたが、この話をみなさんにお伝えしたかったのは、単に私が好きな芸能人だから、というのではなく、読書の可能性を示してくれている例だからです。

ふつう、芸能人も一般人も、知的かどうかを出身大学などの学歴で測られがちです。人が評価するだけでなく、自分でも「私は高卒だし」「○○大学だからさ」などと決めつけ、あきらめてしまう人もいます。それは、過去のある時点までの結果に過ぎません。

学歴でいえば、村上くんは中卒（高校中退）ですが、忙しい中、読書で学び続けており、私は知的な人だと思います。本や新聞を読むことで培った語彙力や知識によって、村上くんはバラエティ番組のMCだけでなく、国際的な音楽番組やオリンピックのキャスターの仕事まで勝ち取っています。前述の『村上信五くんと経済クン』には、なんと、安倍晋三総理大臣がゲストに来たこともあります。

読書は語彙力を育て、語彙力は世界を広げてくれるのです。

本を読むことで得られるもの　その②　客観力

本を読むことは、自分自身を客観視する力を身につけることにもつながります。少し不思議ですが、本という外のものを読むことで、自分の置かれた状況や内なる思いを冷静に捉え、理解することができるようになることもあるのです。

ある漫画家さんが、子育てについてTwitterで書いていたエピソードです。

お子さんが幼い頃のことです。機嫌よく友達と遊んでいる中、突発的にいらだった様子を見せ、友達を叩く。そうした荒い行動が目立ち、母親としてとても心配していたそうです。そのとき、彼女は子どもにたくさんの本を与えました。読んで聞かせたり、自分で読むに任せたり、とにかく、かなりの量の本に触れさせたのです。

——そうしたら、何が起こったと思いますか？

お子さんは、自分自身の気持ちを、叩くなどの行動ではなく言葉で伝えることができるようになったのです。

「それは僕のだから返してね」

「勝手に動かされるといやだなあ」

それまでは自分が抱えている思いを伝える言葉を十分に持たなかったので、身体的な行動で感情を爆発させるしかなかったのでしょう。ですが、本のおかげでたくさんの言葉を知ったお子さんは、自分の感情と言葉が結びついて、気持ちを伝える手段を新しく手に入れることができたのです。

こうした効果は少年院や刑務所での読書でも見出されているそうです。

また、本を読んで、自分の気持ちを代弁してくれているような記述に出会ったり、そのときの自分に似ているシチュエーションを見つけたりすることで、自分自身の状況や心境を客観的に見られるようになります。

「こういうときは、こんなふうに言えばいいんだ」という対処法の気づきも得られるし、「こういうことってよくあるんだな」と、自分だけが特別ではないことを知ることもできます。「自分だけが悲劇のヒロインのように思っていたけれど、実は同じような悩みをみんな抱えているんだな」と思えば、状況が解決していなくても、少し元気になれることもあります。

私が教えている、社会人向けの古典講座でもこんなことがありました。

その日の講座の内容は『論語』。その中で、次のような言葉を解説しました。

徳《とく》は孤《こ》ならず　必《かなら》ず隣《となり》あり

（意味）徳を身につけた人は、独りぼっちということはない。必ず身近に、慕い、理解してくれる人が現れるものだ。

講義が終わったあとに、ある経営者の男性が、私に話しかけてきました。

「以前、会社の業績が悪くなって、断腸の思いでリストラをしたことがあります。会社を残すため、考え抜いた結果でした。古参の従業員を解雇したので、その後しばらくは小さな組織の中ですっかり孤立したように感じました。残った従業員たちはみんな敵に見えたものです」

ですが、と話は続きました。

「残ったメンバーで、とにもかくにもがむしゃらに会社を立て直しました。何とか目途がついたとき、彼らが言ってくれたんです。『あのとき、よく辛い決断をしてくださった。だから今こうやって乗り越えられた。感謝しています』って。うれしかったですよ、ほんとに」

リストラは一般に「悪」ですが、会社を守るために考え抜いたリーダーの決断でした。この体験が、『論語』の中の「徳は孤ならず　必ず隣あり」という言葉と結びついたことをとても喜んでくださっていたのが印象的でした。

もう一人、別の老婦人からも「今日教わった『論語』で救われた」と話しかけられました。その方は、最近ご主人を亡くされてとても落ち込んでいらっしゃいました。悲しくてたまらなくて、生きていても辛いことばかりだと思っていたそうです。ですが、「徳は孤ならず　必ず隣あり」を知って、心配して、何かと気にかけてくれている妹さんやお子さんたちの存在に気づくことができた、と嬉しそうでした。自分なりに一生懸命生きてきたおかげで孤独に陥らずにすんでいる、と思うと、がんばってきてよかったな、と思えたそうです。

こんなふうに、本で知ったフレーズのひとつが自分の人生と重なることがあります。そうなったとき、ふっと楽になれたり、自分の人生を客観的に冷静に見直したりすることができます。

「あのときのあの経験って、こういうことだったんだ」

自分の個人的な経験だと思っていたことが、実は昔から伝わる名言とつながっている。人の考えること、思うことは時間や場所を超えて共通する普遍性があるんだなあ、と客観視できるのも、読書の大きな効用のひとつです。

本を読むことで得られるもの　その③　想像力

性別で安易に決めつけるのは良くないことですが、小学生の場合、大きな傾向として男女の国語力、特に物語の読解力には差が出やすいです。国語が得意な男の子は「○○君は、男子なのに国語ができるんだね」などと言われることもあるようです。

これは、知能の差ではなく、自分とは違う立場に置き換えてものを考えることができるかどうか、ということなのだと思います。そういう想像力が、この年頃の男の子は、女の子に比べて未熟なようです。

たとえば、こんな問題があったとします。

・次の文を読んで、あとの問いに答えましょう。

みどりちゃんは内気で、担任の先生やクラスの友達に話しかけるのにも緊張してしまいます。男子に話しかけるなんてもってのほか。ドキドキして声が出てこなくなります。

ある日、みどりちゃんのクラスに男の子が転校してきました。たけしくんです。たけしくんは転校してきたばかりなのに、さっそく、みんなの中にまじって遊ぶような元気な子でした。

次の日、たけしくんが下校の際、勢いよく走り出したので、手さげからはみ出していたハンカチが落ちました。音もしないので、本人は落としたのに気づかなかったようです。大きな声で呼べば間に合うかもしれない、と考えましたが、みどりちゃんはそうしませんでした。

（問い）なぜみどりちゃんは、たけしくんに、落としものをしたことを教えてあげなかったのでしょうか？

問題文の前半を読めば、みどりちゃんは内気で恥ずかしがり屋であること、緊張してしまって他人、特に男子にはうまく話しかけられないことがわかります。まして、転校生でよく知らず、とても陽気な男の子が相手であれば、なおさらでしょう。大きな声を出すことにも慣れていない感じがします。この辺りを結びつけると、答えになるのですが、男の子はこれができないことが多いのです。

結論の近くだけ読んで、「自分だったら、どうかな」と、自分の感性だけで考えてしまう。そして解答欄に「呼ぶのが面倒くさかったから」などと書いてしまうのです。文章の中から、自分とは感性・性格の異なる他者の存在をうまく読み取れないわけです。自分とは違う人がどんなふうに考えるのかについて、思い巡らせることが苦手なのです。

このような他者への想像力不足は、小学生の男子に限りません。大人になってからも想像力の欠如した人が見受けられます。何でも自分の価値観や経験の中でしか考えられない。自分とは違う思考回路があることを理解できない。「相手の気持ちになって考える」ことができない人たちです。

彼らは、他人の置かれた状況や苦しい心境、斬新な価値観などに想像が至らず、短絡的に、

「意味が分からない」

「○○なら、△△するのが当然だろ」

「それぐらい自分はできたよ」

などと叩いてしまうのです。

たいていの場合、人は様々な出会いや交流、自身の経験を通じて、想像力を養っていきますが、実体験だけでは足りない部分を大いに補ってくれるのが読書なのです。


子ども時代の本との付き合い方は、感情移入して主人公と同化するという形から入ることがほとんどです。自分との同一化から読書体験は始まります。

ですが、本の中には自分とはまったく違っていて理解できないキャラクターの人物やまったく経験したことがない状況などが出てきます。そういう異質なものを「意味不明」と投げ出すのでなく、完全な共感はできずとも、向き合って知っていく。異なる他者と本で出会えることで、視野が広がり、想像力が養われ、理解できる世界がぐんと広がります。

ネットと本は役割が違う

本とインターネットは、しばしば対比して語られます。それぞれに長所と短所があるので、比べた上で「こういうときはネットの方がいい」「これについては本で調べよう」というふうにうまく使い分けをすればいいと思います。どちらかの熱狂的な支持者たちがやってしまいがちな「本vsネット」のような論戦は無意味です。

本もネットも、両方とも活用しましょう。それができるのは、今を生きる私たちの大きなメリットでもあります。

両方をうまく使い分ける、という観点に立って、それぞれの特長を考えてみたいと思います。

まず、本の最大の長所は「タイムテスト（時の試練）を受けてきている」ということです。いわゆる古典・名著と呼ばれるものは「時間」による耐久試験をパスしてきたものばかりです。最近出たばかりで評価の定まっていない本には当てはまりませんが、価値のないもの、誤ったものは、時を経て淘汰されているのです。

イギリスの古いことわざに、"Truth is the daughter of time（真理は時の娘）"というものがありますが、定評のある本もまた「時の娘」でしょう。

また、新しい本の場合も、時の判定はまだこれからではあるものの、少なくとも出版までには著者だけでなく、編集者や校閲者など出版社内外のスタッフのチェックが入っているものです。いろいろな視点が入っているので、独断や偏見に偏り過ぎない内容であることは、ある程度（あくまである程度）担保されます。

また、本のメリットに、体系性があります。

第一章　◯◯の概要
第二章　日本での◯◯
第三章　海外での◯◯
　　欧米での評価
　　中国・韓国での評価
　　南米・アフリカでの評価
第四章　◯◯の弊害

第五章　〇〇の今後

たとえば、こんなふうに、整理された形で全体像をつかむことができます。ネットではどうしても情報が断片的で、いろいろなところにバラバラに情報があることが多く、システマティックに整理されている本こそ、入門の学びにはもってこいなのです。

一方、ネットの情報の最も便利な点は、即時検索性の高さです。知りたい情報に関するキーワードを入れれば、辞書などの情報源や、最新の情報がまとめられたページを見つけることができます。何かを調べるためのとっかかりとしてはとても便利です。当然ながら、私もよく使っています。

ただし、気をつけたいのはネット情報だけを集めたときに陥りがちな「エコーチェンバー現象」です。もともとは「反響室」という意味で、閉鎖的な空間の中でコミュニケーションを繰り返すことによって、特定の意見や思想が増幅されたり強化されたりする状況を表す言葉です。

たとえばTwitterなどで、自分の主義主張に近い情報を発信する人の投稿しか見なくなったり、一度検索したキーワードを元に同じようなターゲティング広告ばかり目にすることになったりなど、みなさんも経験があるのではないでしょうか。

本来、ネットというのは広く情報を集められるツールであったはずなのに、逆に、狭い範囲の情報ばかりを集めてしまい、似た意見ばかり目にし続けた結果、それが「当たり前」だと思い込まされてしまうという怖さがあります。近年こういうところから、不正確な健康情報、カルト的な宗教などにハマりこんでしまう人が出てきています。

それに比べると本は、1冊1冊が独立して存在しています。同じテーマに関する本を複数読むことで、冷静にバランスをとれるというのは、本を読む効果として大きな利点のひとつです。

もちろん、受験にも読書習慣は効果抜群です

塾の生徒から「どんな参考書や問題集を選べばいいか分からない」という悩みを相談されることがあります。参考書や問題集は数か月以上、勉強を共にするパートナ

ー。相性がとても大切です。ですから、「本屋さんに行って見比べてみて、自分が好きなのを選べばいいよ」と言うのですが、「見ても、どれが好きなのか分かりません」と途方に暮れています。これはもったいない状況です。

今の自分にどういうレベルのものが必要かが分からない。足りていない部分を補うためには、どんな種類の参考書を読めばいいかという判断ができない。自分に対する診断ができず、適切な処方箋となる本を選べないのだなあと思います。だから、指導者や友達の意見を鵜呑《うの》みにして購入する。でも、結局それは自分自身にピッタリ合うものではないことも多いので、途中で挫折したり、効率が悪かったりという結果になってしまうことがあるのです。

普段から本に親しんでいると、自分で本を選ぶという行為自体に慣れているし、慣れを通じて選書眼も培われています。読書の差は、こういうところにも出てきます。本好きな生徒は、自分に合った参考書や問題集を選ぶセンスを持っています。

また、本を読んでいるかどうかは、国語の学力に大いに影響します。大学受験で、小論文が課されることも増えました。文章を読んで、筆者の意見を要約した上で、自分の意見を書くというスタイルのものが多く、大学によっては1000字、1200字を要求されます。ある程度以上のスピードで読むこと、難しい課題文を読解すること、それを短く要約すること、自分の意見を構築すること、それを分かりやすく正確に書くこと。実にたくさんの力を総合的に試す試験なのですが、これは本当に書ける書けないの差がはっきり出ます。

本をあまり読まない受験生の中には、小論文を苦手とする生徒がとても多いのです。こればかりは数日間指導して劇的にうまくなるというものではなく、やはりある程度の読書体験の積み重ねが必要です。

そして、読書によって身につく「語彙力」「読解力」「表現力」というのは、国語だけでなくどんな教科の勉強にも必要な能力です。小学生が算数の応用問題でつまずくのは、単に計算ができないからではなく、問題の意味自体が理解できないことに原因があることが多いのです。問題文に出てくる情報の整理ができないので、答えを出すための正しいプロセスにたどりつけないのです。

これは、大学受験についても同様です。英語の長文を読むにも、そもそもの論理的な理解能力が必要ですし、社会の論述問題にも国語力は欠かせません。

これは試験当日だけの問題ではなく、そもそも問題文や参考書の文章を読解する力がないと、勉強は思うようにはかどりません。自分で参考書を何回読んでも分からないから、塾に行ったり家庭教師についたりして教えてもらうことが必要になるわけです。私自身が塾講師なので、こんなことをいうのは仕事上、支障があるかもしれませんが、「教科書や参考書を読んで理解する力があったら、予備校に来るよりも自宅で勉強したほうが時間もお金も節約できるのにな」と思ってしまうときがあります。

- ☑ 読書によって語彙がストックされると、話す言葉が豊かになり、さらに聞く力が身につく。
- ☑ 読書は、自分を客観視する力や他者への想像力を育てる。

語彙力・表現力につながる読書

様々な本を読む中で、初見の語や気に入った表現をメモすることで、自分自身の言葉遣いも徐々に磨かれていきます。一方、語彙力・表現力アップに直結するタイプの本もあるのです。

心にしみ込む広告コピーに学ぶ

幸福を見つめるコピー 完全版

「年賀状は、贈り物だと思う。」(日本郵便)、「やがて、いのちに変わるもの。」(ミツカン) など、まっすぐで心にしみる言葉を生み出したコピーライターの、珠玉のコピーとその背景などを語るエッセイをまとめた本。広告に携わる人以外にも大いに参考になります。

岩崎俊一
東急エージェンシー

ぴったり来る表現を探すための辞書

感情ことば選び辞典

眺めているだけで楽しい、読む辞書です。「うるさい」で 20 語、「好き・好む」で 39 語など、類語がずらりと並びます。例文や説明を見ながら、一番ふさわしい語は何かを吟味することで、表現力アップにつながります。ポケットサイズで持ち運びやすいのも魅力です。

学研辞典編集部
学研プラス

大学受験だけでなく大人の思考力にも

現代文キーワード読解 [改訂版]

硬質な文章を読む上で知っておきたい語が取り上げられています。熟語やカタカナ語など、哲学的なキーワードがまとまっており、巻末には重要テーマの解説もあります。こうした語彙力はニュースや社会情勢を深く理解し、自分の頭で考えることにつながります。

Z 会編集部
Z 会

〝目にはするけど自信のない語〟を深く理解

大人の語彙力が使える順できちんと身につく本

自分の本を挙げるのもおこがましいのですが……。1語1語を語源・背景からていねいに解説し、実感のわきやすい例文を挙げることを心がけました。こういった語彙力本は、読みながら付箋を貼る、自分でも例文を作るなど一工夫で学習効果が上がります。

吉田裕子
かんき出版

第2章

1日10分読書から始めよう

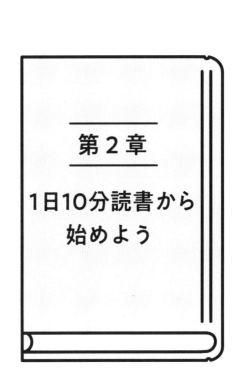

「10分」で何を読む？

みなさんが通っていた小学校や中学校には「朝の10分読書」という時間が設けられていたでしょうか。この「朝の読書」という運動は１９７０年代から始まり、１９８０年代後半に日本全国に広まりました。読書習慣をつけるために始業時間前に多くの学校で行われているものです。読書時間は10分から15分程度。専用のプリントなどもあるようですが、原則として読む本は子どもたちの選択に任されています。自宅から持ってきたり、学級文庫や図書室から借りてきたりした本を、各自が自分の机で静かに読むひとときです。「ああ、懐かしいな」「朝読《あさどく》、あったなあ」と思い出される人も多いのではないでしょうか。

朝の読書には４つの大原則があります。「みんなで」「毎日」「好きな本を」「ただ読むだけ」。「みんなで」は難しいかもしれませんが、「毎日」「好きな本を」「ただ読むだけ」なら、すぐにでも取り入れられそうです。

朝読の「10分」というのは、小学生にとってだけでなく、大人になってから改めて読書習慣をつけるためにもほどよい時間の単位なのです。

どんなに忙しい毎日でも、10分くらいなら、時間を作れそうです。コーヒーを飲みながらでもいいし、通勤の電車の中でももちろんＯＫです。寝る前の10分という手もあります。

「でも、たった10分くらいの読書では、たいした量は読めないでしょう？」

そう思う人もいるかもしれませんが、10分間あれば、実は結構な量を読むことができます。たとえば、最近流行りのビジネス書などの要約サイト。「flier（フライヤー）」「SERENDIP（セレンディップ）」などのサイトが提供している本の要約は、10分程度で読めるボリュームになっています。活字を読む習慣の最初の入り口は、こういったものからでもいいかもしれません。１冊まるごと本を読むよりはハードルが低く、効率的で「お得感」もあります。要約を読んで興味を持った本があれば、その本を実際に購入してじっくり読みたくなることもあるでしょう。さらには、同じテーマの関連本や、著者の別の本へと興味が広がるかもしれません。どんな本を読んだらいいか分からないという人は、要約サイトや書評サイトでいろいろなジャンル・いろいろな著者の本に触れてみることで、自分の「好き」に出会えるチャンスが広がります。

また、エッセイやビジネス書には、見開きから10ページほどでひとつのトピックになっている本も多く、1日に10分で1項目ずつ、1話ずつ読んでいくことができます。

また、最近では、インターネット上で試し読みができる本も増えています。出版社や通販サイトのウェブページで読めるものもあれば、著者自身がSNSで公開していることも。その分量も10分にはもってこいです。

試し読みは映画で言うところの予告編。それを見て（読んで）、心を動かすシーンや描写、言葉などがあれば本編が見たくなります。本なら、全てを読みたくなるものです。そんなふうに、試し読みから入って好みの本を見つけていくという方法もあります。

もちろん、予告編が面白くて見た映画の本編にがっかり……ということが起こるように、本の場合にも期待外れは起こり得ますが。

「時間」を目指さず、読書「環境」を整える

読書習慣をつける上で、小学生の「朝の10分読書」が有意義なのは、毎日10分間という「読書時間」の長さの問題ではありません。「読書する環境」に毎日のように当たり前に身を置くというところにポイントがあります。

「今は本を読む時間だ」と決められていて、本が手もとにあって、周りの友達もみんな本を読んでいる。つまり、「本を読むしかない」という環境が読書の習慣作りに役立ちます。これは大人にとっても同じです。

長らく読書から離れていた人が日常に本を読むことを取り入れるためには、「時間」の確保を意識するより「環境」を整えることを考えた方が近道です。

たとえば、カフェ読書。

通勤用のカバンに、必ず1冊本を入れる。これまでより10分早い電車に乗って、会社に行く前に近くのカフェでコーヒーを飲みながら本を読む。コーヒーはあまり一気飲みしませんね、それこそ「10分」くらいかけて飲む。コーヒーと読書は相性のいいコンビです。カフェだけじゃなく自宅でも、コーヒーやお茶を飲むダイニングテーブルやキッチンに本を置いておく。サッと手に取れる場所に本や雑誌がある環境をあらかじめ作っておくことが大切です。


あるいは、バスルーム読書。

私の場合は、バスルームの脱衣スペースの脇に小さな本棚を置いています。お風呂につかる前に、そこで1冊選ぶ。のんびり読書をしながら湯船につかります。お風呂場で読むと、表紙やページが水を含んでしまうので、装丁のきれいな本はここではもったいなくて読めませんが……。読書好きの中には、ジップロックに入れた電子書籍リーダーやスマホを持ち込む猛者《もさ》もいます。

カフェやお風呂場などでの細切れの読書で、果たして意味があるのかなあ……と不安に思われるかもしれませんが、そんな方にはザイガニック効果という言葉をご紹介しておきましょう。ザイガニック（Zeigarnik、ツァイガルニクとも）というのは、旧ソ連の心理学者の名前です。彼によると、「キリのよいところで終えると、スッキリと完結したことにより脳がかえって忘れやすくなってしまう。むしろ、キリの悪いところで中断した未完の状態のほうが、印象に残りやすい」ということだそうです。細切れ読書おおいにウェルカム、なのです。

すぐに手が届くところに常に本があるというのが理想の環境です。

若い人たちの多くが、いつでもどこでもスキマ時間にスマホやタブレットを見て楽しむのは、それらがとても身近なところにいつもあるからだと思います。ずっとスマホを持ち歩いている人は多いですよね。だから、コーヒーを飲むときでも何でも、スキマ時間に第一にスマホを手に取ってしまう。そこに、本を滑り込ませたいのです。

スマホやタブレット、パソコンよりも近い距離に本がある。寝るときは、スマホは枕元から遠ざけて、代わりに本を置く。まずは「いつでも本がそばにある」環境を作ることから始めるのがいいと思います。小さなことですが、私はスマホのホーム画面で、SNSをアクセスしにくい深い階層に移し、電子書籍リーダーのKindleを一番アクセスしやすい場所に表示するようにしてから、電車で読書する率が上がりました。

読書は「がんばらない」!

いつでも本が身近にあるという環境を整えて、1日の中で10分程度のスキマ時間を読書に充てる。読書習慣への第一歩は、それで十分です。いきなり意気込んでがんばりすぎないこと。それが重要です。小さな一歩を積み重ね、ゆっくり少しずつ進歩するスモールステップ方式で行きましょう。「本をカバンに入れてえらい!」「本を開いてすごい!」からのスタートです。

読む本も、決して無理のない範囲で選ぶことが大切です。小学生の朝の10分読書と同じく「好きな本」を選んでください。いきなり名著である必要はまったくありません。読みたいな、と自然と食指が動いたものから始めましょう。

最初から高い目標を掲げて意気込むと、しんどくなります。「1日1冊！」と掲げて初日に読み終わらないと、その時点でリタイアして、自信を失ってしまいます。

ランニングを始めるときに、いきなりスピードや長距離を目標にすると苦しくなるのと同じです。それよりも、最初はほぼ普段着でのウォーキングから始め、習慣化してから走りやすいウェアに着替え、少しずつ距離を延ばし、スピードを速めていくことこそが長続きのコツ。気が進まないときは休んでも構わない。途中で気になるパン屋を見つけたら、そこに立ち寄ってパンを買う日があってもいい。

それくらいの気軽さで10分読書も始めてください。少しずつ、だんだん進んでいければいいんです。

高価なウェアを買い、皇居ランに参加する。そうやって「カタチ」から入ることで、がんばれる人ももちろんいますが、読書の場合はそれが功を奏するのは上級者。初心者がいきなり文学全集を購入するような、張り切りすぎのパターンは途中で挫折する確率が高そうです。

もうひとつ大事なことは、最初から「1冊の本からたくさんのことを学ぼう！」と欲張りすぎないこと。この本から何かをしっかり学ばなきゃいけないと、身構えて読み過ぎないことです。もちろん、たくさんのことを学べる本も多いです。しかし、それは結果として学べるものだと捉えてください。学ぶことを目的にし過ぎると、肩に力が入って読んでいて疲れてしまったり、「ためにならない気がする」と途中でやめてしまったりして、逆に、素敵な学びとの出会いを逃してしまいます。

毎日のように本を読んでいる本好きの人だって、読んだ本のすべてを「役に立てている」わけではありません。読んだ内容がいつでも血となり肉となっているわけでもありません。

私たちはつい貧乏性になりがち。せっかく時間やお金をかけて読んだのだから、少しでも多くのリターンを得たいと考えがちですが、1冊の本の中に1回の「へー」があれば、それで十分です。「へー」だけじゃなく、「え?」でも「わ!」でも、笑いでも涙でも、とにかく心が動くところがひとつあれば、その読書は十分に価値があります。

それに、本からの学びは遅効性のものも多いのです。漢方薬みたいな感じです。すぐに「効いた!」とは思えないこともあります。

忙しいからこそ本を読める

「最近本を読まなくなった」「この頃、まったく本を読んでいない」と自覚している人の多くが、その理由に「本を読む暇がない」ことを挙げるでしょう。特に、社会人になって毎日忙しく働いている人たちにとっては、時間は貴重。本を読む暇があるなら、その分眠りたいという人もいるでしょうし、あるいはデートしたい、他の趣味に使いたいと思う人もいるでしょう。

そんな忙しいときだからこそ本にも手を伸ばしてほしいのです。

本の中には、じっくり腰を据えて読むべきものもあります。『カラマーゾフの兄弟』（ドストエフスキー、光文社古典新訳文庫で全五巻）のような大作小説は、たっぷり時間がないと読みきることはできません。おそらく「本を読む暇がない」と感じている人たちにとっての読書のイメージはこちらなのだと思います。

ただ、そういう本ばかりではありません。忙しくてバタバタしているときの方が、かえって読みたくなる、頭に入ってくる。そういうタイプの本もあります。どうしても映画館で見たい3時間超えの社会派の大作映画のような本もあれば、忙しい中でこそふとした合間に見たくなる15分ニュースやYouTubeの動画のような本もあるのです。

家事と読書にも似ているところがあります。忙しさに追われているときの方が不思議とテキパキ動けて、掃除も洗濯もすませ、ついでに料理まで作れてしまうもので、時間がたっぷりある休日などの方が、だらだら過ごしてしまって逆に何にもできずに終わりがち。

同じ10分という時間でも、忙しい中での10分は有意義に使えるのに、のんびりしている日の10分は、ごろごろ寝ているうちにあっという間に過ぎてしまうことが多いものです。

忙しいときほどかえって、その中の10分間で本を読むような効率的な過ごし方ができます。

さらに、活動量の上がっているときは、前向きにテンションが盛り上がっているものです。貪欲になっていてインプット能力も普段より上がるように感じます。

また、バタバタとあわただしく仕事や用事に追われているときというのは、自分の知恵や能力を振り絞っている、つまり、アウトプットばかりしていることになります。自分の引き出しをどんどん開けているのです。そういうとき、人は、空っぽになりそうな自分を何かで埋めたくなるものです。息を吐き切ると、次は自然と吸いますよね。それと同じです。自分の生活の99％を仕事で占められ、消耗していくからこそ、残りの１％で「自分自身」をしっかりと確保し、新しいことを吸収したい。心のバランスをとるための自然な反応として、忙しいときほど新しい「インプット」を人は求めるのではないかと思います。

活動量が多いときほど、アンテナが敏感になっていて吸収力も上がっている。アウトプットが多いほど、インプットを求める。だから忙しいタイミングでの読書は効率がいいのです。

もうひとつ、忙しいときの読書には「栄養ドリンク効果」も期待できます。つまり、元気のスイッチの作用です。落ちこぼれたり失敗したりしながらも大きなことを成しとげた成功者のストーリーや名言集などは、あきらめかけた心を力づけてくれます。周囲の人々の士気が低く、失望してしまったときは、同じ世代でがんばっている人たちの活躍ぶりを読むことで、自分もがんばろうと思えます。本は、モチベーションを上げてくれる起爆剤になり得るのです。

あわせて読書には回復効果もあります。旅エッセイや美しい写真、ほっと気が抜けるようなストーリーで心をしばし別世界に浮遊させる。忙しいときに、ほんのひとときでもそんな読書時間を持てたら、ゆとりや優しさ、深みにつながります。

本屋さんに行こう！

ここまで読んで、久しぶりに本を読んでみるかなあと思ってくださった方がまず考えるのは、

「で、どんな本を読もうかな？」

ということだと思います。

元々気になっていた本がある人。自分にとって大切な人（家族や恋人、友人、上司など）がすすめてくれた本があって、せっかくだから読んでみようかなと思っている人。そういうみなさんはその1冊から始めるといいでしょう。まったくの白紙状態でこれから本を選ぶ人には、私からひとつアドバイスがあります。

それは、

「これまでにあまり本を読んでこなかった人は、初めに読む本は慎重に選ぼう」

ということです。

「何でもいいから、まず読んでみれば？」というアドバイスもあり得るのですが、「読書を習慣にしよう！」と張り切った1冊目で、適当に本を選んでしまうと、その本が面白く感じられなかった場合、「やっぱり読書はつまらない」「時間の無駄だった」とがっかりして、また読書自体から離れてしまう可能性があります。つまらない本はありますが、読書はつまらないものではありません。そうならないためにも、読書習慣の1冊目には、「自分自身にとって価値のある」本を選ぶ必要があります。「価値がある」というのは、あくまでも「自分自身にとって」です。世界的な大ベストセラーであっても、そのテーマや著者に興味がなければ、その本はあなたにとっての価値ある1冊では（少なくとも今の時点では）ありません。

自分自身にとって価値のある本、それはすなわち「心が動く」本です。客観的な評価でなく、主観こそが大切なのです。自分の心が動く1冊を見つけるためには、ぜひ本屋さんに出かけてみましょう。自身の五感で本と出会いましょう。

本屋さんでは、まずは、ベストセラーや最新刊が並ぶ平積みのコーナーへ。タイトルと表紙、本に巻かれた帯の文句や売り場のPOP（宣伝文句）などを眺めます。帯やPOPは、その本の魅力を凝縮して伝えてくれます。ここで心が動いた本は、楽しめる確率が高いと思います。テレビドラマや映画などをよく見る人なら、それらの原作小説なども楽しめるでしょう。あえて同じ原作者の別の作品を選ぶのも新しい世界との出会いになります。

また、「小説を読みたいけれど、いきなり長編小説を読むのはおっくうだ」という場合には、「アンソロジー」がおすすめです。複数（あるいはひとり）の作家の短編が、あるテーマのもとに集められて1冊になっています。

たとえば、犬が好きな人なら『Wonderful Story』という本があります。伊坂幸太郎さんをはじめ、５人の人気作家が「犬」をテーマに描いた5つの物語が収録されています。作家の山田詠美さんが編者となり、せつない話ばかりを集めた、その名もずばり『せつない話』などもあります。このアンソロジーというスタイルの本はミステリー分野でも多く編まれています。

アンソロジーの魅力は、短く完結しているので、短時間でも楽しみやすいこと。そして、いろいろな作者に出会えることです。これまで知らなかった作家とあなたをつないでくれます。

「自分にとって価値がある」という観点から、今すぐ仕事や生活で必要な知識を得るための本を選んでもいいでしょう。営業に苦労しているならビジネス書のコーナーに行って、営業に関する本を片っ端から手に取ってみましょう。ビジネス書の場合は、タイトルと帯、著者のプロフィールを見てピンときたら、ページをめくって目次を見るのがいいと思います。今自分が必要としている答えになりそうな内容かどうかの見当がつくはずです。「はじめに」や「おわりに」を読むと、著者とフィーリングが合うかどうかも分かります。

先ほど、世界的ベストセラーだからといって価値があるとは限らないと書きましたが、もちろん、それを読みたいと感じたら、「自分にとっても価値がある」ということです。みんなが読んでいるから読んでみたいというのも、ひとつの読書の動機であっていいのです。私自身も流行りものに弱く、ベストセラーはつい手に取ります。大切なことは、「自分自身が読んでみたいと思うかどうか」です。分厚くても、心に何か響くものがあれば、臆せずその本を選びましょう。

そして、これも大事なことなのですが、つまらないと思ったら、無理をして最後まで読む必要はまったくありません！　読書は忍耐力を養うためのものではありません。どんなに人気のある作品だとしても、あなた自身の「つまらない」「何かちょっと気に入らない」という直感の方が重要です。せっかくの貴重な読書時間です。つまらない本はさっさと閉じて、楽しめる本、面白い本を読みましょう。

ただ、「つまらない」と思った本も、一旦興味を引かれた本は、捨てずにとっておくのがおすすめ。10年後に読んでみたら意外に面白かった、ということがあるのです。

本屋さん攻略法

本屋さんにはいろいろなスタイルがあります。それぞれに使い方があり、上手な付き合い方があります。もちろん、それは人によって違って当然なのですが、ここでは大きな傾向・特徴をご紹介します。

●大型書店

新宿の紀伊國屋書店、池袋のジュンク堂書店、梅田のMARUZEN&ジュンク堂書店、名古屋の三省堂書店などのように、ビルまるごとが書店だったり、駅ビルの広いフロアを占めていたりするような大きな本屋さんは、本好きにとってはワクワクする場所です。

こういう本屋さんは、あらかじめ知りたいテーマが決まっていて、それに関する本を探したいというときにはとても頼もしい存在です。ひとつのテーマにも多数の本が置いてあるので、読み比べて、これぞというものが選べます。特定の分野に詳しい書店員さんがいて相談に乗ってもらえることもあります。

たいていの本は見つけられるので、読みたいと思ったその日、ネット通販で注文するより早く、手に入れることもできます。

●ロードサイドにある駐車場が広くて大きな本屋さん

地方都市の国道など大きめの道を車で走っていると「本」という大きな看板に出会

うことがあります。こういう本屋さんには、生活雑貨売場や１００円ショップなどが併設されていることもあり、生活に必要な買い物と合わせて、本を買えるので、日常の中に本を買うサイクルが入ります。

たいていはワンフロアでコミックと雑誌の売り場が広いのも特徴です。話題になっている新刊なども比較的充実しています。それ以外の本、たとえば専門書などは、お店ごとにラインナップに得意・不得意が出やすいので、取り寄せ注文も利用するといいでしょう。

●駅ナカ・駅チカの本屋さん

最近増えてきたのが駅ナカのコンパクトサイズの本屋さんです。また、昔から駅前や商店街の中に、小さめの書店がありますね。こうした通勤通学の通り道にある本屋さんは、読書習慣の味方です。ここには、その時点でのベストセラーや話題の書がずらりと並んでいます。マンガやビジネス書、旅行系などが特に充実しています。小さな売り場なので、ぐるっと店内を見渡してもそんなに時間はかかりません。今話題の本を読んでおきたい、読まないまでも知っておきたいという場合にはとても使い勝手がいいと思います。

●セレクト本屋さん

今、どんどん増えているのがこの「セレクト本屋さん」です。いわゆるセレクトショップの本バージョン。店主が選んだ本が小さな店内に並んでいます。丁寧なPOPがつけられている本も多く、選ぶ際の参考になります。コーヒーショップが併設されているお店もあり、そこで買った本をすぐにコーヒーを飲みながら読むこともできます。

それぞれに特徴があって、力を入れている分野も様々です。店主の個性が出ます。そのため、たったの1冊も好みの本がなかった……なんてこともありますが、逆に「この本屋さんの本を片っ端から読みたい！」と思えるようなお店もあります。自分の好みにピタッと合うセレクト本屋さんに出会えたら、本当にラッキーです。講座やイベントなどが開かれるお店もあり、通いつめているうちに、趣味が合うこと間違いなしの店主や他のお客さんとの交流も生まれるかもしれません。

●古書店

東京では神保町の古書店街が有名ですが、案外どこの街にもひっそりと存在しています。大手チェーン店としては、ブックオフがありますね。

古書店の魅力は、まずは値段。１００円コーナーなどの本なら、普段は手に取らないような作家やジャンルの本でも気軽に購入することができます。好きな作家を見つけたり、知らなかった世界を知ったりするきっかけになってくれます。

また、ブックオフなどには、少し前のベストセラー本が並びます。

もちろん、貴重な文献を探す楽しみも古書店ならではです。個人経営の店では、店主によって扱っている本に特徴があることが多いので、相談してみると思わぬ面白い話が聞けたりもします。

☑ 1冊の本の中に、心が動く「へー」が1か所あれば、十分。

☑ 忙しいときのスキマ時間こそ、集中して読めるし、吸収力も上がっているので効率がいい。

数ページでひとまとまり！

スキマ時間におすすめの本

ちょっと手の空いた時間に読める本を紹介します。通勤電車や待ち合わせの暇つぶし、作業や家事の気分転換に、数分間で一節を読める本・雑誌・エッセイマンガは非常に便利です。

謎解きで楽しくアタマを鍛える推理本

2分間ミステリ

1話はほんの数ページ、書名通り2分間で読めます。クイズ形式で、短いストーリーの中に隠された手がかりをもとに、犯人やトリックを推理します。自分でひらめいても、答えを見ても、謎が解けるとスッキリします！
短時間でも没入できるエンターテインメント。

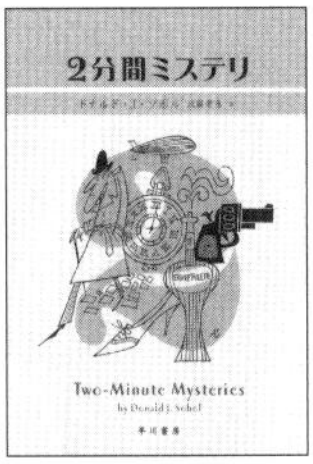

ドナルド・J・ソボル　著
武藤崇恵　訳
ハヤカワ・ミステリ文庫

ビジネス社会を渡り歩く作法を身につける

これからの会社員の教科書

組織で一目置かれる若手になる方法を熱く説く本。副題は「社内外のあらゆる人から今すぐ評価されるプロの仕事マインド71」。教科書、〇〇術、方法などと題したビジネス書は、ノウハウをリスト化しており、1項目は数ページ完結なので、細切れ時間でも読めます。

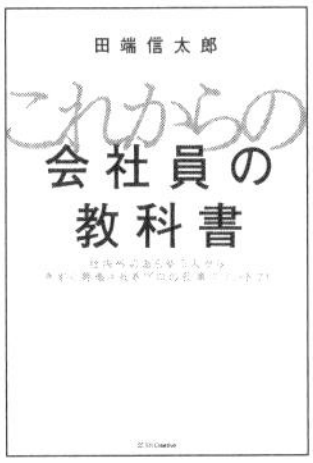

田端 信太郎
SBクリエイティブ

10分間、別の世界にワープする豊かさ

短編伝説　愛を語れば

恋愛や兄弟愛、祖国愛などの「愛」をキーワードとして、硬軟・新旧様々な作家の短編を集めた本。本書のシリーズに「めぐりあい」「旅路はるか」。こうしたアンソロジー（複数の作家の作品をまとめたもの）は、好きな作家を見つけるツールにもなります。

集英社文庫編集部編
集英社文庫

共感して笑って元気になる。読む漫談

天才はあきらめた

「モテたい」という執念。相方・しずちゃんへの嫉妬。そんな醜い感情、黒歴史な過去をさらけ出した南海キャンディーズ・山ちゃんの自叙伝。各節は、トーク番組のエピソードトークのよう。勢いのある語り口なので、一気に読みたくなってしまうかもしれませんが……。

山里亮太
朝日文庫

第３章

「今すぐ効く本」「じわじわ効いてくる本」

4種類の読書

読む本を選ぶ際に一番大切なのは自分自身の心が動くかどうか。そう繰り返し述べてきました。気になる本を読む。読みたいと思う本を読む。その繰り返しで構いません。

ただ、何冊も本を読んでいくうちに、「どうせなら、より充実した読書体験にしたい」と考えるようになるかもしれません。そのときにひとつの観点として参考にしてもらいたいのが、読書体験に４つの種類があるということです。

それを表したのが次ページのマトリックス。横軸は「エモーショナル⇕ロジカル」、縦軸は「フロー⇕ストック」です。それぞれの言葉について簡単に説明します。

4種類の読書を使い分ける

フロー

エモーショナル　　　　ロジカル

ストック

エモーショナル×フロー（エモ・フロ）

今日の自分の心を動かす本

例　娯楽系の雑誌
エッセイ　写真集
マンガ　エンタメ小説
名言集　など

ロジカル×フロー（ロジ・フロ）

短期的に役立つ仕事・勉強の本

例　新聞
ビジネス雑誌
最新 or 具体的なトピックの
知識の本・参考書　など

エモーショナル×ストック（エモ・スト）

じっくり向き合って
深く味わう本

例　純文学よりの小説
日本・海外の古典
自叙伝
ノンフィクション　など

ロジカル×ストック（ロジ・スト）

年単位で活きてくる
本質的な学びの本

例　ある分野の古典的名著
学術書
哲学書　など

縦軸の「フロー」と「ストック」は本から得られる知識・情報の種類です。

フローの情報は、今すぐ、あるいは一時的に役に立つものです。現在の世界情勢、経済ニュース、新しいノウハウなどの情報はほとんどがフロー情報です。

一方、ストックは自分自身の中に蓄積されていく情報で、長期にわたって活きてくるものです。哲学書など、物事の原理原則や本質に触れられる本が該当します。

横軸の「エモーショナル」と「ロジカル」は、動かされるのが感情なのか知性なのかという分類です。くだけた言い方をするなら、「感動した」がエモーショナルで、「勉強になった」がロジカルという感じでしょうか。


読んだ本が、このマトリックスの中のどの部分に位置するかを分類してみると、自分の読書傾向が一目瞭然《りょうぜん》です。

たとえば、エモーショナル×フロー（エモ・フロ）の領域があります。今世間で騒がれている現象を扱った本や人気アイドルのエッセイなど。あるいはつかのまの息抜きになるようなエッセイや心のサプリ的なストーリー。テレビ番組でいうと、バラエティやワイドショーのような存在。読んだときに心を動かされ、元気を生み出すけれど、数か月後、数年後まで覚えているかは……？　こういった本しか読んでいないと、10年後には読書から得たものが何も残っていないかもしれません。

同じエモーショナルな読書でも、縦軸がストック側のもの（エモ・スト）があります。それは、生涯にわたってずっしりと心に残る小説などです。私にとっての『少女パレアナ』のような本。ある人はそれが『竜馬がゆく』（司馬遼太郎）であったり、『風と共に去りぬ』（マーガレット・ミッチェル）であったりするでしょう。子どもの頃に読んだ絵本でも、それがずっと影響を与え続けているならここに該当します。読みながら、あるいは読み終えた後、自分と照らし合わせるなどしていろいろなことを考え続けるような1冊です。

ロジカル×フロー（ロジ・フロ）という領域、ここにはたとえば「簿記入門」というような資格取得試験のための教科書、具体的な仕事のテクニックがまとまった本などが入ります。今すぐに役立つ知識、というイメージです。あまり本を読まないという社会人の方も、この領域の本は日常的に読んでいる人も多いと思います。新聞やビジネス雑誌なども、ここに入ります。

右下のロジカル×ストック（ロジ・スト）の領域に該当するのは、古典的名著や、学問を体系的にまとめた基本書などの重厚な本です。たとえば、ビジネス書でも、D・カーネギーの『人を動かす』やドラッカーの『マネジメント』などは、節目のたびに読み返したい本質的な考え方が書かれた本です。２０１６年にノーベル生理学・医学賞を受賞した大隅良典さん（東京工業大学栄誉教授）や、２０１９年にノーベル化学賞を受賞した吉野彰さん（旭化成・名誉フェロー）が科学に興味を持つきっかけになった本として『ロウソクの科学』（マイケル・ファラデー）を挙げていらっしゃったことが大きな話題になりました。71歳でのノーベル賞受賞に、少年時代に読んだ本が影響している。まさに、「ストック」本です。

例を挙げてそれぞれの領域を説明してみましたが、この本はこの領域に入るという決まった基準があるわけではありません。あくまでもそれぞれの個人と本との関わり方によって決まります。そこが読書の非常に面白いところでもあります。

４つの領域のどこに含まれるとしても、それはすべて「読書」です。それぞれの間に優劣もありません。ただ、種類が違うだけです。

「ストック」系の読書が評価されやすいのですが、「フロー」の読書にも価値があります。大切なのは、自分の心境や状況に応じて使い分けながら、バランスよく読むことです。

本にも流行があります。ザ・リッツ・カールトンや東京ディズニーランドなど、特定の優良企業から学ぶ本が一斉に書店に並んだこともありました。トヨタ自動車の「カイゼン」という言葉もビジネス書に取り上げられて以来、ビジネスパーソンで知らない人はいないのではないかと思うくらいに広まりました。仕事での活躍を目指すなら、そういったその時々の流行や世間の注目を集めているトピックを追いかけることも大事です。

しかし、同時に、カーネギーやドラッカーのように、根本的なものの考え方を鍛えるような本も腰を据えて読む。バランスを取ることで、読書の相乗効果は一段と高まります。

今すぐ効く本とは

本は、時間軸で「今すぐ効く」本と「じわじわ効いてくる」本という分け方もできます。今すぐ効く本というのは、次のような本のことです。

●目の前の課題を解決する

日々、走っていくために必要な情報を与えてくれる本です。

こういう本を見つけるには、ぶらっと書店に立ち寄ってビジネス書・実用書コーナーを中心に、タイトルをひと通り眺めるのがおすすめです。部下との付き合い方に悩んでいたら「初めてのマネジメント」といった言葉につい反応してしまうでしょう。面接を控えていれば「話し方」、肩こりに悩んでいれば「ストレッチ」、自分の悩みに関わる本は目に飛び込んできます。

最近のビジネス書・実用書はタイトルで本の内容が伝わるように工夫されています。タイトルの言葉が心に刺さったら、それが、今の自分に必要な本である可能性は高いと思っていいでしょう。

●ビジネスのトレンドにキャッチアップする

ビジネスの世界で、今どんなことが注目されているのか。どんな考え方が主流なのか。誰のどんな行動や言葉が評価されているのか。

そういう知識を得たい場合には、ビジネス系の週刊誌や月刊誌が役に立ちます。『日経ビジネス』（日経BP社）、『週刊東洋経済』（東洋経済新報社）、『月刊Wedge（ウェッジ）』（株式会社ウェッジ）、『週刊ダイヤモンド』（ダイヤモンド社）といった経済雑誌などを読めば、ビジネスのトレンドを知ることができます。これは働く人はもちろん、社会を知りたい学生にもおすすめです。

様々な経営者のインタビュー記事に触れることもできますし、ビジネステクニックの要点も分かります。また、それらの雑誌がどんな特集を組んでいるかは、世界や日本の経済のトレンドを知る上での大きなヒントにもなるでしょう。

●知りたいテーマについて、集中的に学ぶ

あるテーマについて、短い時間で網羅的に学ぶ必要に迫られるときがあります。たとえば転職、起業、部署の異動、海外赴任などの際です。そんなときには、転職先の業界について、赴任先の国について、にわか知識でもいいから大急ぎで全体像をつかまなければなりません。

とはいえ、未知の分野については、どの本が名著なのかがわかりません。パラパラ読んでみても、良し悪しを判断する力もありません。それぞれの本の難易度も違うので、どの本が自分に役に立つかを見極めるのは難しいものです。書店の棚の前で、うーんと困ってしまう。片っ端から買ってみるには、本は結構高価です。読み終わって知識を得てしまえば必要がなくなると思うと、ますます気軽には買えません。

そんなときには図書館を有効活用しましょう。多くの公立図書館では、一度に10冊程度の本を借りることができます。知りたいテーマの本を、まずは10冊借りる。それ

らの中で目次を見ながら、「ここが知りたい」「ここは使える」というところを拾い読みすることから始めます。何となくでも概要がつかめてきたら、10冊の中で難易度が自分に合うものをざっと読んでみる。そこで得た知識をベースにしながら、他の本も読んでいく。キチンと最初から最後まで読まなくても、10冊を読み（眺め）終わったときにはその分野についてはかなり詳しくなっているはずです。少なくとも、全体像がイメージできる程度にはなっているでしょう。

10冊の中に、この本は読み返したいと思うものがあれば購入して手もとに置けばいいのです。次に書店に行ったときには、その分野で自分にちょうど必要な本を探し出せるようになっているはずです。

じわじわ効いてくる本とは

「今すぐ」の対極にある「じわじわ」効いてくる本についてもお話ししておきましょう。

●文学作品（小説・古典）

小説には、「この本を読んだら、すぐに初対面でのコミュニケーション能力が上がります」というような単純な効果はありませんが、何かが時間をかけてそれぞれの心の中で熟成していきます。ものの考え方にじわじわと影響を与えたり、知らず知らずのうちに行動を変えていたりすることもあります。面白いのは、読んですぐには「難しくてよく分からなかった」と思った本が、後になって効き目をあらわすことがあるということです。特に古典にはそういうものが多いです。

「さっぱり分からなくて、全然面白くなくて、何にも残らなかった！」という本は、さすがにすぐに忘れてしまうと思いますが、「よく分からなかったけど、何か気になるな……」「いつまでもあの本のことがひっかかっている」という場合は、しばらく時間をおいてもう一度読み直してみるといいでしょう。本との付き合い方自体を「じわじわ」進める感じです。自分の人生経験や成長により、ピタッとハマる瞬間が来るのです。私も魯迅の『故郷』などは、大人になってから読み直して、そのよさを確認することができました。

生涯にわたって「じわじわ」効いてくる本として誰もが座右の書を5冊くらい持てればいいな、と思います。自分の原点だと思える本、はっきり理由を説明できないけれどとにかく大好きな本、何度も繰り返し読んできた本。そういう本は、読み返すたびに「そのときの自分」と出会い直すことができます。

ちなみに（自分の内心をさらけ出すようで恥ずかしいのですが）、現時点での私の座右の5冊はエレナ・ポーター『少女パレアナ』、紫式部『源氏物語』、鷺沢萠『海の鳥・空の魚』、トニ・モリスン『ソロモンの歌』、おかざき真里『サプリ』です。

インプットを最大化するための読書方法

せっかく本を読んだからには、そこから何かを得たい。そう願うのは当然です。特に、ロジカル系の本には、実用性を求める人が多いことでしょう。1冊の本からのインプットを最大化するヒントをご紹介しましょう。

大切なポイントは3つです。

1つ目は、目的意識を持って読む本を選ぶこと。

「この本から何を得たいか」を明確にしておくことです。

「○○について詳しくなりたい」
「3週間後に迫った企画発表にそなえてプレゼンテーション力をつけたい」
「営業時に話に詰まることが多いので、雑学を仕入れておきたい」

ゴールイメージは、具体的であればあるほどいいと思います。ざっくりとしたイメージで「税金のことを知りたい」というのでは、税の使い道を記した本がいいのか、確定申告に必要な税金の知識を学ぶための本がいいのかが決められません。細かくしぼり込んで目標設定をしておくことによって、適切な本選びができ、効率よくインプットすることにもつながります。

２つ目は、読みながら手と心を動かすということ。

手を動かすというのは、メモを取る、付箋を貼る、線を引く、ノートに書きうつす、写真を撮るというようなことです。実際に小まめに手を動かします。

心を動かすというのは、感心する、感動する、「へー」と大きな声で言ってみる。テレビに出ているタレント、コメンテーターのように、大げさに、やや極端なほどに反応すると、それにつられて心もぐいぐい動きます。「それって本当？」と疑問を持ちながら、批判的に読むというのもインプット力を高めてくれます。心の動きを肯定的な方向に動かすのか、それとも批判的に動かすのか。どちらでも構いませんが、反応の絶対値を大きくするよう心がけます。

最後の３つ目は、自分自身と関連づけて読むということです。経営者のサクセスストーリーを読むならば、自分の経験で似たものを思い出したり、どこが共通していてどこが違っているかを考えてみたりすることで、今の仕事や人生に役立てるためのたくさんのヒントを得ることができます。

理論や原理原則の本も、名言集も、単に文字面を読むのではなく、自分の職場や生活に当てはめてみることで、その後の応用が可能になります。

偶然の出会いを楽しむ読書

意図的な読書を推奨する前項とやや矛盾しますが、これまでに読んだたくさんの本を振り返ると、本との出会いには「偶然」が大きくて、それが思いのほか大きな喜びを連れてきてくれることがあります。友人に借りて読んだ本のワンシーンがいつまでも心に残り続けたり、時間つぶしに手に取った本の登場人物の言葉が妙に心に響いたり。私にもそんな経験があります。入試の過去問を解いていた中で偶然読んだ、「冬への順応」（南木佳士、『ダイヤモンドダスト』所収）という短編の一場面です。主人公は予備校に通う男の子でした。彼に向かって、友人以上恋人未満の女の子がこんなセリフを言います。

「国文の勉強なんかして、内側のお化粧してね」

この発言の細かい内容はストーリー上それほど重要ではないのですが、フレーズはずっと心に残っていて、自分が文学に触れるときの彩りを増してくれています。

知りたいことがあって読む読書とは、また別の楽しみがここにはあります。「こういうことを知りたくて、この本を読んだ」という生産性の高い読書ももちろん素晴らしいのですが、狙わないところで起きたハプニング的な読書も人生に「面白さ」や「喜び」をプラスしてくれます。

セレンディピティ（Serendipity）。素敵な偶然という単語ですが、読書にはセレンディピティの魅力があります。偶然手に入れたものが、何年か後に自分の糧になる。そんなことが起こるのも読書の魅力のひとつです。

一生付き合いたい本に出会う

「この本とは一生付き合いたい」

そう思える本に出会えることがあります。誰もが座右の書を5冊くらい持てたらいいなと書きましたが、座右の書＝一生付き合いたい本です。

ただ、ここで注意したいのは、座右の書を選ぶのは「自分」だということです。みんなが『論語』はすごいって言っているから『論語』を座右の書にしよう、というのではダメなのです。自分の心が動かない本と一生付き合うのは苦痛ですし、そもそも読み返したくなりません。掲げているだけの「ファッション座右の書」なんて意味がありません。

自分自身で本を選ぶことの大切さを考えるとき、思い出すエピソードがあります。

私は塾で国語を教える以外に、小・中学生の夏休みの読書感想文のための講座も担当することがあります。参加する子どもたちのほとんどは楽しそうに、無邪気な笑顔でやってきます。それぞれ好きな本を持ってきて、「ここが面白いんだ」とか「ここで泣いちゃった」とか、活き活きと話してもくれます。

ところが、そんな中に、目に力がなくて暗い表情の子どもがいることがあります。そういう子どもは、たいてい、宿題を終わらせるために、親御さんの意向だけで参加した子です。彼らが持ってきているのは、決まって学校や自治体が選んだ課題図書です。自分で本を選んでいないから、読んでもつまらない。感想なんて思い浮かばない。ましてや誰かに伝えたいことなんてありません、というふうなのです。あれこれサポートしますが、感想文をきちんと仕上げるのは一苦労。とりあえずマス目を埋めるばかりで魂が入りません。

お子さんがいらっしゃる方にぜひお伝えしたいのは、本は子どもが自分で選ぶよう促すのが大切だということです。

ある年、講座に迎えた中学生も、これまでは毎年読書感想文が書けなくて困っていた男の子でした。ただ、その日は、自分で選んだ本を持ってきていました。それは『「のび太」が教えてくれたこと』（横山泰行）。ジャンル的には自己啓発の本です。普通は、中学生の読書感想文の題材としては選ばない本。学校の先生や親なら「これはちょっと違うんじゃないの？」と言ってしまいそうです。

だけど、その子は「この本がすごく好きだ」と言ってわざわざ持ってきたのです。ぜひこの本で感想文を書かせてあげたいな、と思った私は、「どこが好きなの？」「自分の体験と照らし合わせて、どうだった？」などの質問を重ねて会話をしながら書いてもらいました。その結果、彼は見事に感想文を書き上げることができました。お母さんは、「中学3年間で初めて規定の枚数を書けました」と驚いていました。自分で選んだ本だからこそ書き切れたのだと思います。

これは、大人にとっても同じです。自分の心のおもむくままに選ぶ。それがとても大切です。

この頃では「ばえる」というのが物事の価値を決めるひとつの大きな要素になっています。「飽きたらメルカリで転売できそうか」を基準に買う洋服を選ぶ人もいるそうです。選択が他者基準になっているのです。本でも、そういうことになっていないでしょうか。

Twitterなどで話題になっている本を読む。流行りのベストセラーを読む。それはもちろん構いません。読書の入り口としても、楽しい話題づくりとしても選択肢のひとつとしてありでしょう。

ただ、自分の感想を「みんな」に合わせる必要はありません。面白いかどうか、気に入ったかどうかは、自分の素直な心のままに感じてください。そして、座右の書は「ばえる」必要はまったくありません。古典的名著である必要もありません。

座右の書に出会うためには、どれくらいたくさんの本を読めばいいのか。その答えも一概には言えません。１０００冊読んでやっと出会えるかもしれないし、最初に読んだ1冊が自然と座右の書になるかもしれません。

ただ、ひとつだけ確かに言えるのは、座右の書は「育てていく」ものだということです。自分の成長や再読の経験をとおして、ある1冊の本が自分にとっての座右の書に成長していくのです。

本は、人生相談の回答者にもなってくれる

人生相談というのは昔から人気があるようです。新聞や雑誌、ウェブ記事などでも人生相談コラムが連載されていて、それをまとめて書籍化したものがベストセラーになる動きも見られます。

最近では、『鴻上尚史のほがらか人生相談』、『誰にも相談できません　みんなのなやみ　ぼくのこたえ』（高橋源一郎）、『なんで僕に聞くんだろう。』（幡野広志）などが大きな話題になっています。

こういった人生相談の本にズバリ自分と同じ悩みへのアドバイスが出てくることがあります。こう考えればいいのか、と目を開く思いになることもあるでしょう。しかし、それだけではありません。

本音の相談、率直なアドバイスには、リアルな人間の生々しい姿が示されます。それを読むことで、自分を相対化して客観的に眺められるようになります。同じような悩みを抱えている人がいることを知って少し安心できたり、自分の状況が特別なものではないことに気づいて冷静になれたりという効果もあります。また、自分の周りの困っている人、悩んでいる人に目を向けるきっかけにもなってくれます。

また、人生相談の本に限らず、本は、ときに人生相談の回答者になってくれます。

私たちは、学生時代には友達に気軽に相談していました。学校帰りにいつまでもマクドナルドやフードコートで語り合ったものでした。しかし大人になると、環境が変わって共通項が少なくなったり、物理的にゆっくり話したり聞いたりする時間がなくなってしまったりして友人に相談をしなくなっていきます。また、言えないこと、言いたくないことも増えます。大人になると、いつのまにかひとりきりで現実に向き合わねばならなくなるのです。

そんなとき、本が力になってくれます。

本は時間を選びません。かつ、口が堅くてプライバシーを守ってくれます。自分が何か答えを求めているとき、本はいつでも待ってくれています。

悩んでいるとき、人は、その悩みに関わる内容に気づきやすくなります。その分野の想像力や理解力、読解力が高まっているのです。たとえば職場の人間関係に悩んでいるときには、小説の中に描かれる人間関係のトラブルにも敏感になります。親子の衝突の場面から人間関係で適度な距離をとることの難しさに思いを致し、それが現実の問題を解決するヒントになるということも起こります。

たまたま手に取った本のおかげで、思わぬ形で答えが出る。そんな奇跡が起こることもあるのです。「求めよ、さらば与えられん」なのです。

読書のポートフォリオを考える

読書のやり方に、窮屈な模範解答はありません。それぞれが自分自身の目的に沿って、好きなように本を読めばいいのです。

ただ、読書の価値をより高めるためには、投資と同じようにポートフォリオを意識するといいと思います。ポートフォリオというのは金融商品の組み合わせのことです。海外の新興国の株ばかりではリスクが高いから、日本の国債やインデックスファンドも組み合わせて……というように、投資をする人は、様々なタイプの商品でバランスをとります。読書でも同じ発想をするのです。

ポートフォリオを考えるには、この章の最初に紹介した4種類の読書のマトリックス（91ページ）が役に立ちます。この図表にバランスよく点が打てるような本を選んで読んでいくといいでしょう。

今年の芥川賞受賞作は読んでおきたい。（エモ・スト）

「語彙力」がちょっとしたブームになっているから、押さえておきたい。（ロジ・フロ）

来週訪問する会社の業界について、知識を仕入れておきたい。（ロジ・フロ）

会社では中堅になってきた。しっかりとした経営哲学の本も読んでおこう。（ロジ・スト）

寝る前の読書は、リラックスできそうなフォトエッセイがいいな。（エモ・フロ）

通勤電車ではミステリーの短編くらいが読みやすくて、楽しめていい。（エモ・フロ）

トータルの読書量をキープしつつ、その中でバランスよく本を選びます。インプットに集中力が要るような本ばかりだと疲れてしまうので、浅いインプット、深いインプットをちりばめます。

みなさんも、このマトリックスを作って自分自身が今読んでいる本やここ数か月で読んだ本がどこに入るか書き込んでみてください。自分の読書の癖が分かります。癖は個性ですから、是正する必要はありません。ただ、今後の読書の幅を広げるための気づきになると思います。

☑ 4種類の読書を組み合わせ、自分の読書ポートフォリオを作る。

☑ 今すぐ必要な知識を得る本、数年後にまた読みたくなる本、どちらも大切。

私の1日の読書スタイル

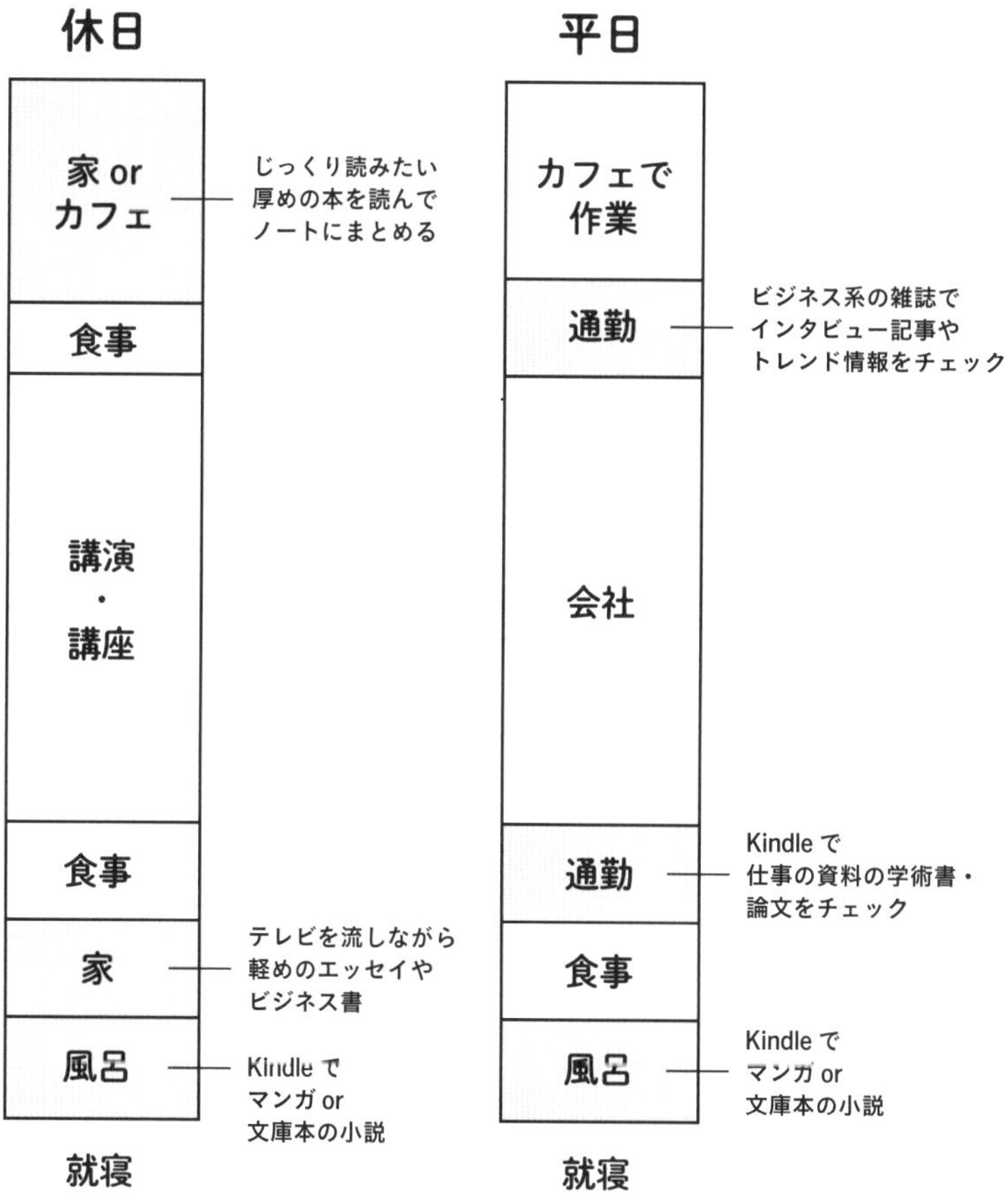
休日
家 or カフェ
じっくり読みたい厚めの本を読んでノートにまとめる
食事
講演・講座
食事
家
テレビを流しながら軽めのエッセイやビジネス書
風呂
Kindle でマンガ or 文庫本の小説
就寝
平日
カフェで作業
通勤
ビジネス系の雑誌でインタビュー記事やトレンド情報をチェック
会社
通勤
Kindle で仕事の資料の学術書・論文をチェック
食事
風呂
Kindle でマンガ or 文庫本の小説
就寝

胸に波紋が広がる小説・エッセイ

本は時に「答え」でなく「問い」を胸に残します。1冊の本が、生き方や社会について哲学的に考え続けるきっかけになることがあるのです。そんな問題提起の本を集めました。

資本主義社会、スマホ依存の情報社会の今こそ

モモ

副題「時間どろぼうと、ぬすまれた時間を人間にとりかえしてくれた女の子のふしぎな物語」。"灰色の男たち"は、人々の楽しみや会話、大切な存在との交流を非効率と断じ、時間を節約させます。その結果、みなイライラし始めて——。ファンタジーですが、現代社会のよう。

ミヒャエル・エンデ　作
大島かおり　訳
岩波少年文庫

美智子さまが子どもの頃感銘を受けた絵本

でんでんむしのかなしみ

『ごんぎつね』『手袋を買いに』の作者として知られる童話作家の作。ご自身でも絵本を書かれるなど、児童文学に造詣の深い上皇后・美智子さまが、忘れられない1冊として挙げられた絵本。人間は生まれながらに誰もが悲しみを背負っている。そこで、どう生きるか。

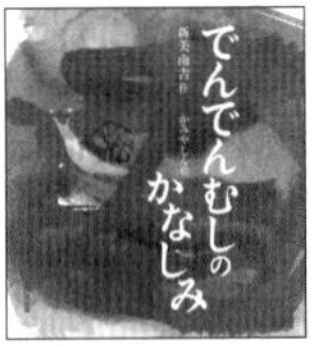

新美南吉
かみやしん　絵
大日本図書

恋愛とは、結婚とは、家族とは、を問い直す

結婚の奴

世間の人はなぜ恋愛に夢中なのか、ピンと来ない——そんな能町みね子さんは、生活を立て直したいという思いから、ゲイ（＝自分を恋愛対象とするはずのない）の男性と、「結婚」と称して共同生活を始めます。類型にハマらない暮らしがあってもいいじゃないか。

能町みね子
平凡社

死に向かう人とどのように関係を結ぶのか

急に具合が悪くなる

がんを抱える哲学者（宮野さん）と、医療の現場などで調査・研究をする人類学者（磯野さん）が交わした、20通の往復書簡。文字通り"急に具合が悪くなる"宮野さんが自身の命と学問への情熱を燃やして綴る言葉。それを受け止め、緊迫感の中、どのように語りかけるのか。

宮野真生子・磯野真穂
晶文社

第4章

「吉田式読書」私が読書で得てきたもの

私の読書ストーリー

私は塾やカルチャースクールで国語を教えるのに加え、年間におよそ300冊程度の本を読んでいます。活字が好きで、今もつい調味料のラベルまで読み込んでしまうタイプです。

最初の本との出会いは、母親による絵本の読み聞かせです。『おおきなかぶ』が好きだったようで、おそらく500回以上読んでもらっています。途中からは、ただ受け身で聞くので終わらず、母と一緒に、全身で演じながら読み味わっていたそうです。その後、自分で読めるようになってからは、日本の昔ばなしや少年少女向けの青い鳥文庫などの読み物を楽しむようになりました。田舎ですし、四半世紀前ですし、娯楽があまりないので、本に夢中になっていたという感じです。当時人気の『美少女戦士セーラームーン』(武内直子)などの少女マンガに目覚めて、少女マンガ家を志していました。

小学校の高学年くらいのときに、後々、私の生き方を大きく変えることになる『少女パレアナ』に出会ったという話はすでに述べました。

中学生になった頃には、『スレイヤーズ』(神坂一)、『フォーチュン・クエスト』(深沢美潮)などのライトノベルも大好きで、真似してファンタジー小説を書くこともありました。いじめにあって、図書館に逃げ込む時期もありました。そこで気になった本を片っ端から読むうちに、偶然、北条政子の伝記を読み、強烈な個性に衝撃を受けた経験もありました。

私が通っていた中学校は、当時とても荒れていて、校舎中の窓ガラスが夜中に割られているなんていう事件もあったほどでした。田舎独特の閉鎖的な雰囲気もあり、環境に対し、いつも何かしらの違和感がありました。でも、退屈で陳腐な日常生活の中では絶対に出会えない人と本の中で出会える。本の中にはロールモデルを見つけられる。それは救いでした。

本は外界との貴重な接点でした。インターネットも未発達で、お芝居やコンサート、講演会のような催しもめったになかったので、本からの影響をストレートに受けたのだと思います。

大人の世界に憧れて、両親の蔵書に手を伸ばすこともありました。高校生の頃は、センセーショナルな書名をきっかけに、山田詠美さんの恋愛小説やエッセイを読むようになりました。自分の身の回りにはないものに、本の中で出会ったときのワクワク感。作家たちの破天荒なライフスタイルや都会にも憧れたものです。

国語の教科書に載っていた「ポケットの中」(『海の鳥・空の魚』所収)という短編がきっかけで、鷺沢萠さんの小説も読み始めました。お財布の中身が心もとない当時は頻繁に図書館や古本屋に通ったものです。若くて疲れ知らずな頃ですし、立ち読みもよくしていましたね。

そんな読書を続け、自分も真似事で小説やマンガを書くなどしているうちに、都会に出たいという想いが高まっていきました。このまま田舎で埋もれるのはイヤだ、東京に行こう。吉幾三さんの歌のような勢いで、上京を決め、東京大学を目指して勉強を始めました。

受験勉強は独学。最後の1年間は通信添削を利用しましたが、塾・予備校には通っていませんでした。このとき、ずっと本を読んできたおかげで知らず知らずのうちに身についていた読解力が役に立ちました。単に国語の成績がいいというだけでなく、参考書や教科書を自分で読んで理解する能力がついていたのです。友人は片道1時間以上かけて名古屋の塾に行っていましたが、私は家でできるのです。1教科あたり800円程度の参考書ですむのですからお値打ちでした。自分のペースで緩急つけて読むことも可能でした（当時は生意気にも、学校の授業って、たった800円の本ですむことを1年かけてダラダラと教えているのね、なんて思ったりもしました）。

猛勉強の成果があって、無事、東京大学に現役合格することができました。

夢に見ていた東京暮らしが始まりました。今も昔も、東大は学生の男女比率が4対1くらい。人生最高のモテ期の到来！（笑）　毎日が刺激的で楽しくて仕方がありません。遊びまわっていて、この時期は、講義の課題の学術書以外は、ほとんど本を読まなくなっていたと思います。田舎にいた頃は、現実が物足りなくて、本を通じてしか知らない憧れの都会の世界を眺めていたのに、現実の方が面白くなったのだから、本に対する渇望が薄れてしまったのです。

再び本を読むようになったのは、大学3年生に上がった頃からです。少しずつ就活も近づく中で、私の中に「自分の名前で仕事がしたい」という野心が生まれてきました。マンガ家や小説家をあきらめた後も、そういう思いがあったのです。そこで、将来は起業しようと考えました。ホリエモン（堀江貴文さん）やサイバーエージェントの藤田晋さんが注目されていた頃です。私も、女社長として一旗あげよう、と。学生起業家選手権に応募して、入賞して10万円もらったこともあります。

就活も視野に入れつつ、ビジネス関連の本、とりわけ起業家や経営視点のものをたくさん読みました。『7つの習慣』（スティーブン・R・コヴィー）、『道をひらく』（松下幸之助）、『渋谷ではたらく社長の告白』（藤田晋）、『男前経営論―ピーチ・ジョンの成功哲学』（野口美佳）など。また、『日経ビジネス』、『プレジデント』、『THE 21』などのビジネス系の雑誌の定期購読も始めました。雑誌に掲載されている経営者インタビューや記事を参考に、また新たな本に手を伸ばし、有名ビジネス書を読みまくる日々でした。

そんなわけで、大学3年生の秋、就活が本格化した頃にはかなり〝意識高い系〟の大学生の出来上がり！　当時は卒業後の進路として3つの路線を考えていました。

1つ目は、いきなり起業する。ただしこれは、金銭的にも経験的にもハードルが高そうでした。

2つ目は、コンサルタント会社への就職。そこで様々な業界の企業の経営を見る経験を積んで、お金も貯めて、起業に備えようという目論見《もくろみ》です。実際、外資のコンサルタント会社などをいくつか受けました。でも、説明会や面接に進み、どうも自分とは雰囲気が合わないなと感じて早々と断念しました。

3つ目は、ベンチャー企業への就職です。ベンチャーは実力主義だとうかがわれ、新卒でも実績をあげればそれなりに高額の報酬がもらえそうでした。まだ成長中だからこそ、ひとりの裁量も大きく、経営陣にも近い。将来の起業のためのよい訓練ができそうでした。

結局、私が最終的に選んだのは、3つのどれでもありませんでした。東大に入学して以来ずっとアルバイトをしていた小・中学生向けの大手学習塾への就職でした。たまたまアルバイト仲間から新卒正社員説明会の情報を聞いたとき、東大出身という学歴の生きる業界ですし、既に学生時代に4年間その会社で働き、バイトリーダーとして社員に近い仕事をしてきた経験もあったので、入社後はいきなり大きめの仕事を任せてもらえるのでは、という期待から興味を持ちました。いずれ起業するなら、新しい会社での最初の下積みの数年よりも、プラス4年の下地があっての数年の方が有意義だと踏んだのです。

実際、入社後はすぐに社長室のような部署に配属されて、全社規模の新規事業の立ち上げなどに関わることができました。さらに週末には起業塾に通うなどして、将来に向けて準備を進めていました。2年でプロジェクトを軌道に乗せて、マネジメント職に昇進して、5年後には独立して……とキャリアプランを思い描いていたのです。

ところが、あるとき、とあるプロジェクトで、事務局スタッフが産休に入るということで、その後任への異動を命じられました。

まったく畑違いの部署でした。大学受験の現場でのプロジェクトサブリーダーです。プロジェクトの内容は「東大に入れよう！」というもので、それまでの小・中学生への指導経験とも、本社で関わっていた事業とも、まったく無関係。ようは、私が東大出身だというだけで、声がかかった仕事でした。人もシステムも何もかも足りない中で、必死にがむしゃらにやらざるを得ないプロジェクトで、さながら社内起業。通勤電車で読む起業家の苦労話に癒やされながら、47連勤を駆け抜けたりもしました。

今思えば、これが大きな転機になりました。ひとつには、自分でキャリアプランを固めすぎるよりも、流動性に身を任せることで、思いがけない可能性が開けるという発見です。そしてもうひとつは、生徒に国語を教えるのが、すごく面白いという発見です。起業もいいけれど教えるという道を究めるのもアリだな、と思いました。

「よし、決めた！」

思いつくと、私の行動はとても速いんです。仮にその会社を離れたとしても、教える仕事を続けられるよう、国語の教員免許を取るための勉強を始めました。働きながら学べる通信制大学を調べ、慶應義塾大学通信教育課程で学び始めました。

通信制の大学は、通学よりもむしろ大変でした。何しろ、受け身に授業を聞くだけではだめで、自分でテキストを読んで勉強しなければなりません。専門書を数冊読んでレポートを書いても、容赦なく再レポート。卒業に10年かける人もいて、中退する人の割合も本当に高いのです。

このときは、集中的にかなりたくさんの本を読みました。そして、国文学の面白さにどっぷりとハマったのです。子どもの頃からの活字好きなので、どんどん自分で本を読むスタイルが、私には合っていたのです。ここで改めて『源氏物語』などの面白さを知り、地域の人々やカルチャースクールの生徒さんに古典を教え始めた活動が、今も続いています。

4年半かけて中学校と高等学校の国語の教員の資格を得ました。塾と併行し（この頃は、大学受験専門の今の職場に移っていました）、非常勤で私立高校の教員に。主に現代文の授業を3年間担当しました。このときに中島敦の『山月記』や夏目漱石の『こころ』を教えた経験は今もとても役立っています。

その間に、偶然、「本を書きませんか?」という依頼がありました。自信はなかったものの貴重なチャンスを活かしたく、引き受けることにしました。情報収集用に数十冊の本を読んで書き上げた処女作以来、執筆も私の仕事のひとつになっています。女社長にはなっていませんが、自分の名前で仕事をするという目標は実現しつつあります。

さて長々と自分の話を書き連ねてきました。それは、この本の読者のみなさんにぜひ伝えたいメッセージがあるからです。

本を読むと、可能性を広げることができる。

自力で学術書が読めると、働きながら大学や大学院にも行けるのです。社会人になってからも、いくつになっても、学びをどんどん積み重ねられるのです。本を読める人は、資格の勉強も独学でできます。人生の可能性は広がっていきます。

私自身のここまでの人生を振り返ってみても、転換期にはいつも本の影響がありました。昔も今もずいぶん本にお世話になってきました。

身の回りにないものと本を通じて出会うことで、その憧れに近づくためにがんばる、その努力のお供には本がある――というサイクルの連続で今の場所にたどり着いたのだと思います。

制覇・読破の楽しみ

序章で、しばらく読書の習慣がなかった人は、いきなり全集「制覇」や大著の「読破」などの高い目標を掲げないでください、とお伝えしました。その思いは、変わりません。

ここでご紹介する制覇・読破の楽しみは、本を読むのが楽しくなり、ある程度読書習慣がついてきた方向けのものです。

制覇・読破の対象は、何巻もある長編、シリーズもの、ある著者の既刊全て、文豪の全集、特定の出版レーベルなどです。たとえば、私が過去にチャレンジしたものをいくつかご紹介します。

●江國香織の小説を全て読む（『落下する夕方』が一番のお気に入りです！）
●青空文庫にある芥川龍之介の作品を全て読む
※「青空文庫」は著作権の保護期間が切れた作家などの本を無料で読むことができるサイトです
●中公新書の日本史関連の既刊を全て読む
●ビジネス書の年間売上ベスト20を全て読む

江國さんも中公新書もまだまだ新刊が出ますので、チャンレジは継続中です。制覇・読破はすぐに達成できるものではありませんが、数年、場合によっては数十年単位でずっと読書の楽しみが続きます。

私の友人に、定年退職した月から夏目漱石の全集を読み始め、10年かけて読み通したという人がいます。また、英語が堪能な知人は、マイクロソフト創業者のビル・ゲイツが定期的に発表するおすすめ本を全て読むことにしているそうです。こんな制覇・読破の目標を複数持っていれば、一生読書を楽しめそうですよね。

読書アプリの活用

「ゲーミフィケーション」という言葉をご存じですか？

ゲームはつい夢中になり、スコアを伸ばしたりキャラクターを育てたりすることに熱中してしまうものです。このゲームの仕組みを教育などに取り入れようというのがゲーミフィケーション。読書にもこの発想が効果的です。

簡単な記録を取るだけでも、一種のゲーム性が出てきます。手帳の後ろに、読み終えた本のタイトルを順に書き留めるだけでも、自然と「もっとたくさん書き連ねたい」という欲が湧いてきます。ラジオ体操でハンコを押してもらうのと似た感覚でしょうか。実際に一部の図書館では、銀行の預金通帳のような冊子に、借りた本の一覧を印字してくれる「読書通帳」「図書通帳」といったサービスがあり、好評を博しているようです。

制覇・読破にチャレンジしているなら、読みたい本を箇条書きやビンゴのような形で書き出してみましょう。読み終えた分を塗りつぶしたり、シールを貼ったりするのも、単純ですが、楽しいものです。

現代では、読書記録に便利なのがアプリです。読んだ本を簡単に記録できるアプリがたくさん出ています。読み終えた本の表紙を一覧にできたり、読んだページ数を集計してくれたりするので、目に見える形で成果が積み上がっていくため、達成感がありますし、自信にもなります。

スマートフォン向け読書記録アプリの例

●読書メーター
●読書管理ブクログ
●読書管理ビブリア
●Readee

自分が感想を書いた本に他の人はどんな感想を書いているかが読めて、一種の読書会気分を味わえるアプリもあります。フォローなどのSNS機能がついているアプリを使えば、著名人や読書名人がどんな本を読んでいるかを追いかけることも可能です。

読書メーターを活用しています

スマホのアプリ「読書メーター」は、読んでいる本や読みたい本を登録することで、アプリ内に自分の本棚を再現することができます。他の人の感想が読めたり、読書結果をグラフ化するゲーム性を備えていたりするので、読書のモチベーションを保ってくれます。本の登録作業も簡単で、継続しやすいアプリのひとつです。

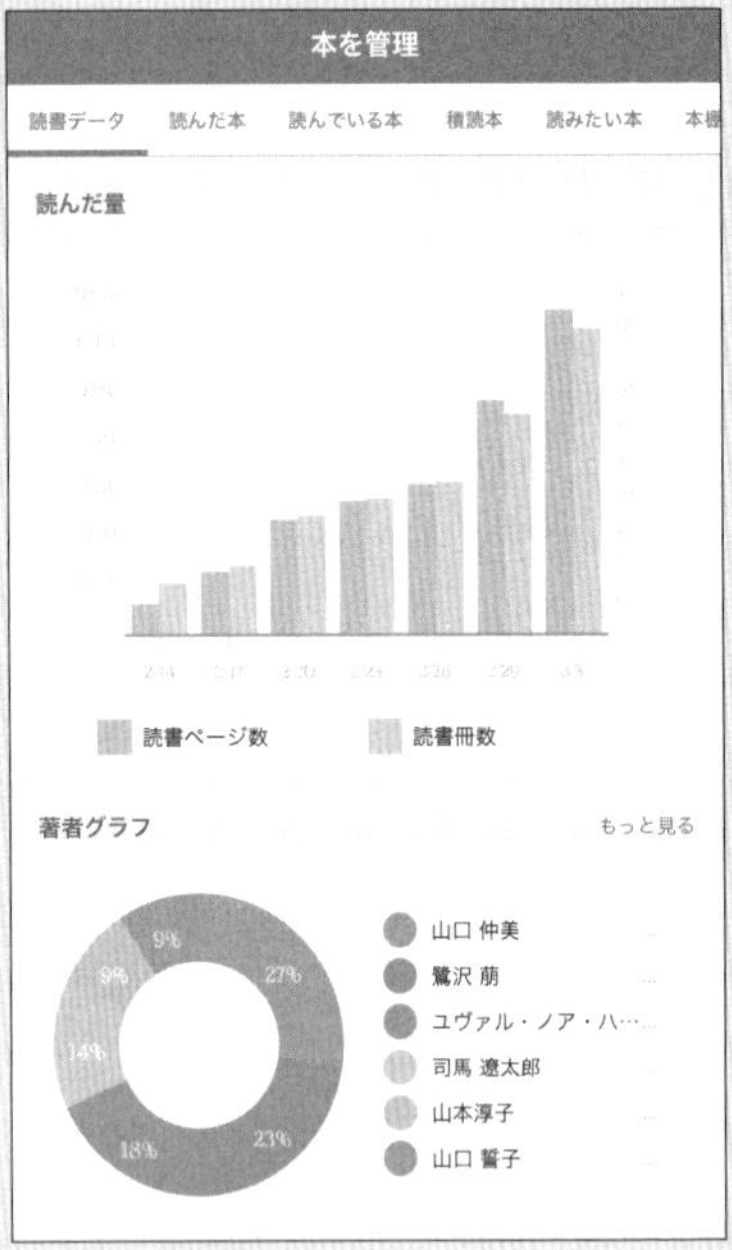

一人で本と向き合うだけでなく、仲間とページ数を競い合ったり、SNSなどで読破状況を報告し合ったりするゲーム的な楽しみ方を加えれば、読書へのモチベーションをますます高く保てそうですね。

芋づる式読書

本好きの人や研究者が当たり前のように取り組んでいる読書法が、「芋づる式読書」です。

「好き」「面白い」「アタリだ！」と思える本に出会ったら、その本を起点に読む本を広げていくという方法です。

たとえば、ある著者の本が気に入ったときは、

➡ 同じ著者の別の作品を読む

➡ その著者が影響を受けた先輩作家の本を読む

➡ 参考文献やパロディ・オマージュの元ネタを読む
➡ 本に描かれた時代背景が分かる本を読む　など

芋づるはいくらでもつながります。
たとえば、私が『天才になりたい』（山里亮太）を読んだところから広がった芋づるは次のページのような感じです。

このように1冊の本から、世界がどんどん広がっていきます。本だけではなくて、映画や音楽、旅などに派生することもあります。
近年のヒット作で言えば、『マチネの終わりに』（平野啓一郎）は、映画化もされていますし、作中に出てくるクラシックギターの曲を集めたCDも発売されました。物語の舞台になるパリやニューヨークを旅する「聖地巡礼」という楽しみ方もあります。

どこまでも広がって、楽しみの種は尽きません。

芋づる式読書の一例

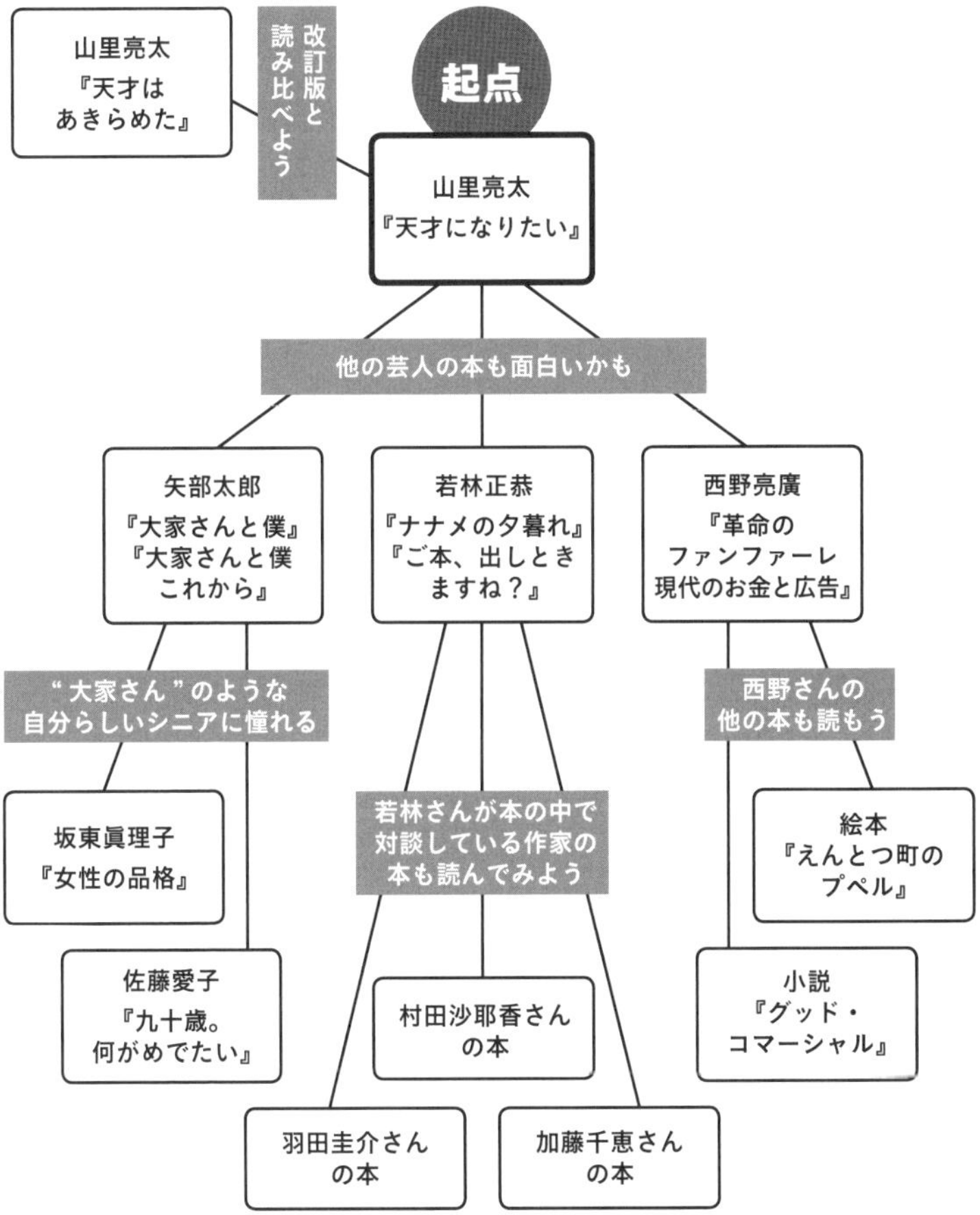
起点
山里亮太『天才になりたい』
改訂版と読み比べよう
山里亮太『天才はあきらめた』
他の芸人の本も面白いかも
矢部太郎『大家さんと僕』『大家さんと僕 これから』
若林正恭『ナナメの夕暮れ』『ご本、出しときますね？』
西野亮廣『革命のファンファーレ 現代のお金と広告』
“大家さん”のような自分らしいシニアに憧れる
坂東眞理子『女性の品格』
佐藤愛子『九十歳。何がめでたい』
若林さんが本の中で対談している作家の本も読んでみよう
村田沙耶香さんの本
羽田圭介さんの本
加藤千恵さんの本
西野さんの他の本も読もう
絵本『えんとつ町のプペル』
小説『グッド・コマーシャル』

賛否両論を両方楽しむ

ＳＮＳ空間では、自分に似た考えばかりを見て意見が偏ってしまう「エコーチェンバー現象」が起きやすいと前述しました（57ページ）。フォローやブロックのような機能は便利ですが、自分の考えと近い人たちの意見ばかりを見て、どうしても特定の考え方に偏ってしまうのです。

それに比べれば、読書は様々な意見を並行して読むことができるわけですが、そのためには意識的に本を選ばなければなりません。同じ著者ばかり、似た意見の人の本ばかり読んでいては、偏りが生じてしまいます。

賛否両論のある話題については、賛成派の本も反対派の本も読んだ上で、自分の頭で比較検討する必要があるのです。

私がこれを練習したのは、高校時代のディベート部の活動でした。ディベートとは、「日本は死刑制度を廃止すべきである。是か非か」のような論題に対し、肯定側と否定側の2チームに分かれ、それぞれが説得力のある意見（立論）を提示し、相手の議論の甘いところを突き（質疑）、根拠を持って反論する（反駁《はんばく》）ことで勝利を目指すチーム競技です。

立論や反駁を組み立てるには、読書が欠かせません。肯定側か否定側かは試合直前のくじやじゃんけんで決まるので、両方の立場の本を何十冊も読んで準備するのです。引退試合を前にした、高校3年生の春から夏はずっと遺伝子組み換え食品に関する本ばかり読んでいました。

日頃からここまでする必要はありませんが、何となく流されるのでなく、両方の意見をしっかり読んだ上で、自分の意見をしっかり説明できるようになりたいものです。

賛否両論をどちらも読む訓練に使えるのが、『文藝春秋オピニオン　○年の論点100』という本です。1冊で幅広い時事問題が取り上げられていて、特に賛否の分かれる議論には複数の意見が掲載されています。いろいろな視点で考えるための材料として最適で、大学受験の小論文対策の教材としても長年使われています。

2019年の11月に出た『文藝春秋オピニオン　2020年の論点100』では、次のような問題が扱われています。

夫婦別姓で社会はよくなるのか

自ら考え、姓を選択することが日本社会のレベルを上げる　青野慶久

夫婦別姓は家族の形を変える　八木秀次

受験改革で英語力はアップするか

「ぺらぺら礼賛」で迷走する英語「4技能」看板　阿部公彦

時代遅れの受験英語が生徒のやる気を失わせてきた　安河内哲也

対照的な意見を併せて読むことで、自分はどちらの意見に近いのか、違和感を感じる意見は具体的にどこがおかしいのかを考え、その裏付けとなる情報を調べることで、知識が増え、意見が深まります。「この人の考え方に興味がある」と感じたら、その人の著書をいくつか読んでみるという深め方もできます。

同じことを新聞でも行うことができます。毎日読むのもいいのですが、思考力をつけるためには、時間の取れる日に2~3紙を購入し、同じ事柄を各紙がどう書いているか比べてみるのです。特に「社説」には各紙の政治・経済・文化に対するポリシーが反映されやすく、同じ事柄への賛否がはっきり分かれることもあります。

「自然に手に取る」以外の本を読む

本好きな人でも、読む本のジャンルは狭い人がいます。私が知っている読書人の中にも、年間数百冊ほど読むのに、ほぼ小説だけという人もいれば、反対に、小説は一切読まないという人もいます。

自然に手に取る本は、どうしても偏りがちです。好きな作家、好きなジャンル。それだけでも読み切れないほどに本はたくさんあるのですから。でも、好きなもの以外に広げていくことで、思わぬ面白さに出会えることがあります。「好きだから読む」以外の選び方をいくつか持っておくといいと思います。

読書の幅を広げるために、私が実践しているのは、「書店のベストセラー棚で1位のものはとりあえず買って読んでみる」ということです。その他には、次のようなものを参考にしています。

●新聞（週末の書評欄、特に毎日新聞の「今週の本棚」）
●雑誌（書籍情報を紹介する『ダ・ヴィンチ』など）
●サイトの書評（紀伊國屋書店の「書評空間」、「HONZ」、松岡正剛の「千夜千冊」など）

毎年、年末年始には雑誌などで有名人の「今年の○冊」が特集されるので、チェックしてみるのもいいでしょう。

また、身近なところですぐにできそうなやり方として、自分とは好みが違いそうな家族や友人・同僚から本を借りるというのもいいと思います。わが家でも、夫の本の趣味が、私とは違うので、本棚から拝借しては時々、驚きとともに楽しんでいます。

逆もまたしかり。「この人はこういう本が好きなんだなあ」と知ることは、相手を知ることでもあり、関係も深まるものです。

出会いのチャンスを増やすために、自分の読書パターンにランダム性が生まれるやり方をいくつか組み込んでおきましょう。

隠れた名著　放送大学テキスト

私は通信制大学で学ぶのが好きで、慶應義塾大学の通信制を受講したのを皮切りに放送大学大学院、武蔵野美術大学（ムサビ）、京都造形芸術大学（２０２０年４月大学名変更予定）大学院などでも学んでいます。

ここで発見だったのが、通信制大学のテキストの出来のよさでした。

特に放送大学のテキストは、教養を身につける読み物として素晴らしいのです。

１冊が大学の十数回分の講義にあたり、ある分野に対して体系的に学ぶことができます。まったくの初心者でもそのジャンルに関して系統立てて知識を得ることができるのです。

伝統ある教科書を使い続ける大学もあるのですが、放送大学の場合は、時代に合わせて新しいトピックスの教科書も出ています。放送大学のテキストは書店やウェブサイトでも買えますし、嬉しいことに多くの図書館にも入っています。正式に受講生とならなくても、基本的にはテキストで完結していますので、本をしっかり自分で読むことができれば、十分に学ぶことができます。

美大の通信教育課程のテキストも、とてもよくまとまっており、美術系の分野に興味のある人にはとてもおすすめです。武蔵野美術大学、京都造形芸術大学から出ているテキストは、一般の人も購入することができます。

高校や大学受験用の参考書も大人になってからの学び直しのための本として便利です。新しい教材は、あまり本を読まないとされる最近の中高生のために様々な工夫がこらされています。

たとえば、『「カゲロウデイズ」で中学歴史が面白いほどわかる本』（じん原著、伊藤賀一監修）。人気プロジェクトのキャラクターの会話・マンガだけで、中学で習う3年分の歴史が一気にわかる、というのが売りです。このシリーズは、他にも「中学英単語」「中学理科」などたくさん出ていてシリーズ累計はなんと50万部を突破しているそうです。

また、今日の世界情勢を把握したり、旅行を楽しんだりするために、世界史を学びたいという人もいるでしょう。実家に眠っている教科書を発掘するのもいいですし、少し親しみやすい講義口調の参考書を手に取るのも便利です。

●『これならわかる！　ナビゲーター世界史B』（鈴木敏彦）

●『荒巻の新世界史の見取り図』（荒巻豊志）

大人になってからの勉強は、案外とても楽しいものです。自分で買った、身銭を切った本は読み甲斐のあるものです。もっと深く学びたくなったら、私のように通信制大学・大学院に行くのもいいかもしれません。

古典に学ぶ

time-testedという英単語があります。時の試練を経た、長い年月を経て価値や有効性が保証された、という意味の形容詞です。今話題で、何千万部も売れているマンガでも、百年後、千年後に読み続けられているかは疑問です。

古典作品のすごさは、この「タイムテスト（時の試練）」を乗り越えてきたということに尽きます。印刷技術が発達するまでの本は、手で本文を書き写す「写本」というスタイルでした。作品に価値を感じて写し取る人たちと、その写本を大切に受け継いできた人たちがいたからこそ、今、『源氏物語』や『枕草子』を読むことができるのです。

価値観も流行もどんどん変わる激動の今日だからこそ、時を超える普遍的なものをしっかり味わう時間が必要なのだとも感じています。

「タイムテスト」というのは、かなり厳しいものです。以前、ブックオフの書棚を眺めながら、そのことを痛切に感じたことがあります。

ブックオフのような大手の新古書店には、数か月前、半年前のベストセラーなどが大量に並ぶことがあります。世間をにぎわした話題の書で、当時は「読みたい」「読んでおかなくちゃ」と切実に思っていたのに、今となっては、定価の半額程度で売られていても、なぜかそこまで手が伸びないことがあります。たった半年くらいで「もう、いいかな」と感じるようになってしまうことがあるわけです。

映画の場合にも、同じようなことがありますよね。宣伝が頻繁に行われていた封切り時には観たかったのに、1年経ってDVDになったりネット配信に加わったりする頃には、熱は冷めてしまっている……。

なお、書籍は1年に7万点ほど出版されており、多くの本は数週間から数か月で書店の店頭から消えていきます。悲しいことに、多くはあまり注目されず、忘れられてしまうのです。

その点、タイムテストを乗り越えてきた古典作品は、最新の流行りではなくても、安定感のある存在です。『老子』や『カラマーゾフの兄弟』、夏目漱石は、何年経っても、「読んだよ！」と言えば教養人には通じ、同好の士とじっくりと語り合えます。読み終えたときの満足感も大きいです。

どんな古典作品からでも構わないので、ぜひ、読書ポートフォリオの中に、国内外の古典も組み込んでみてください。意外な面白さを発見できると思います。

私は国文学を学び始めた当初、田辺聖子さんの古典に関するエッセイ（『田辺聖子の古典まんだら』『田辺聖子の源氏がたり』『蜻蛉日記をご一緒に』など）で好きな作品を探していきました。古典入門の水先案内人として最高のおひとりだと思います。

以下、ぜひ挑戦したい代表的な古典作品です。

●『源氏物語』

いきなり原文で読む必要はありません。また、現代語訳で通読するのもなかなか大変です。最初は『あさきゆめみし』（大和和紀）、『まろ、ん』（小泉吉宏）、『はやげん！～はやよみ源氏物語～』（花園あずき）、『学研まんが　日本の古典　まんがで読む　源氏物語』（小川陽子監修）などのマンガや、『誰も教えてくれなかった「源氏物語」本当の面白さ』（林真理子・山本淳子）のように1冊で概要をつかめる本から入りましょう。私のおすすめは、『源氏物語（新装版）』（高木卓訳）です。

大まかなあらすじ・登場人物をおさえた上で、現代語訳を読むとよいでしょう。これまでにたくさんの方が源氏訳を出版していますので、書店などで読み比べ、好みの文体のものを見つけてみてください。

『源氏物語』を読む面白さのひとつは、すでに読んだ人といろいろなテーマで盛り上がれることです。光源氏がプレイボーイな分、物語にはたくさんの女性が登場しています。「一番共感する女性は誰？」というのは昔からの定番の話題です。

また、恋愛・家族・政治・老いなど、様々なテーマが詰まっており、読むたびごとに面白いと思うところが違ってくる作品でもあります。

●『論語』

2019年秋、高橋源一郎さんが『一億三千万人のための『論語』教室』という本を上梓され、ヒットしているようです。『論語』のファンは政治家や経営者にも多く、近年でも、SHOWROOM株式会社の代表取締役社長・前田裕二さん（2019年にヒットしたビジネス書『メモの魔力』でも有名）も大好きだと公言されています。自己啓発の古典で、自分を律したり組織をまとめたりする上で参考になる金言にあふれています。自分の年齢や状況に応じて、響く言葉が変わるのも面白いところです。パラパラとめくり、心に残るフレーズを見つける名言集として、手もとに置いておきたい1冊です。

●『枕草子』『方丈記』『徒然草』

古典の三大随筆とされるものです。

『枕草子』(清少納言)、『徒然草』(吉田兼好)は今のブログのような感じで、段(記事)によって話が変わるので、順に読み通さなくても構いません。少し読んで、ピンと来ないなと思ったら、次の段に飛びましょう。気軽に、構えずに、共感できるところを見つけるつもりで楽しんでください。

少し毛色の違うのが、鴨長明の『方丈記』。これは少しシリアスな雰囲気の作品で、最初から最後までが一本の筋になっています。その中に、大きな地震と津波について書かれたところがあります。とてもリアルな描写で、800年後の日本で、阪神・淡路大震災や東日本大震災などの災害を体験した私たちの心にも突き刺さるものです。

〈以下、日本古典文学大系30『方丈記　徒然草』(岩波書店)より一部抜粋、読みやすいよう適宜漢字に改め、現代仮名遣いに直しました〉

その様、世の常ならず。山は崩れて河を埋《うず》み、海はかたぶきて陸地《ろくじ》を浸せり。土裂けて水湧き出で、巌《いわお》割れて谷に転《まろ》び入る。渚漕ぐ船は波に漂い、道行く馬は脚の立ち処《ど》を惑わす。

都《みやこ》のほとりには、在々所々《ざいざいしょしょ》、堂舎塔廟《どうしゃとうみょう》、一つとして全《ま》たからず。或は崩れ、或は倒れぬ。塵灰立ちのぼりて、盛りなる煙の如し。地の動き、家の破るる音、雷《いかづち》にことならず。家の内に居れば、忽《たちま》ちにひしげなんとす。走り出づれば、地割れ裂く。羽なければ、空をも飛ぶべからず。龍ならばや、雲にも乗らむ。恐れのなかに恐るべかりけるは、只《ただ》地震なりけりとこそ覚え侍《はべ》りしか。

☑ 10分読書の習慣が定着したら「読破・制覇」や「芋づる式読書」を楽しんで、より深い読書へ。

☑ アプリで読書記録をつけたり、他の人の感想を知るのも楽しい。

気楽に眺めて楽しむ本／いつか読みたい分厚い本

読書を継続するには、「読む」「読まない」の二択状態にせず、「重い本を読む」「軽い本を読む」のように、読むという大前提のもと、どんな本を読むかを選ぶ状態を作るのがコツです。

視覚的にデザインの本質を学ぶことができる

なるほどデザイン

「目で見て楽しむ新しいデザインの本。」という副題通りの１冊。要素の配置、色の効果、字体の使い分けなど、デザインの原理やコツを一目で理解できます。デザインを仕事としていない人でも、プレゼン資料などを作るにあたって参考になるはずです。

筒井美希
エムディエヌコーポレーション

心身が疲れたときに支えてくれる癒やしの本

コウペンちゃんアルバム

あなたの全てを肯定してくれる、癒やしのキャラクター「コウペンちゃん」。その生みの親・るるてあさんによる水彩画集です。オリジナルのキャラクターがかわいらしい上、水彩画のやわらかなタッチで描かれた四季の自然、おいしそうな食べ物なども魅力的です。

るるてあ
KADOKAWA

上下巻で人類の歴史を見渡すスケール

サピエンス全史（上）（下）

人類はなぜ、他の動物たちをおさえ、食物連鎖の頂点に立つことができたのでしょうか？　そこには、認知革命・農業革命・科学革命という３つの転機がありました。20万年前のホモ・サピエンスの誕生から、今日のAI登場までを俯瞰的に物語ります。

ユヴァル・ノア・ハラリ　著
柴田裕之　訳
河出書房新社

医療物の大作。丹念な取材による社会派小説

白い巨塔

全５巻。ラジオドラマ・映画に加え、これまでに６回もテレビドラマ化された医療物の金字塔です。次期教授を狙う野心あふれる財前五郎、患者第一で研究熱心な里見脩二という、２人の対照的な医師を通して、医局制度の問題点や医学界の腐敗などを描き出しました。

山崎豊子
新潮文庫

第5章

読書後のアウトプットの楽しみ

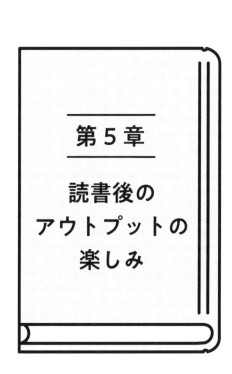

読書でアウトプット力をレベルアップ！

読書は語彙力を増やしたり、知識を得たり、情報を入手したりするもの。時には考えるヒントをもらえるし、心をゆさぶられることもあれば、物事を新たな視点で見られるようになることも。だから、読書はそんな素晴らしい学びを「インプット」する機会となる！――ここまで読んできて、読書し続けることの価値を、そのように感じてくださっていたら嬉しいなと思います。

そして、さらにつけ加えるならば、読書をきっかけに「アウトプット」の能力を伸ばすこともできます。

アウトプット。つまり、目に見えるものを生み出すこと、特に文章などで発信すること。この力にも読書が関係してくるのです。

アウトプットといえば、企画書や提案書を書いたり、アイデアや自社製品のプレゼンテーションをしたりする機会が、仕事の中で日々あるはずです。メールの文章も一種のアウトプットです。

プライベートでは、たとえば、多くの人がやっているアウトプットがブログやＳＮＳへの投稿です。TwitterやFacebook、インスタグラム、ブログなど、個人が自分の考えや思いなどを発信する媒体がたくさんあります。

個人が発信する文章は、「読みやすい／読みにくい」「上手／下手」「面白い／つまらない」などが、あからさまに分かれます。もちろん個人の好みの問題はあると思います。好きか嫌いか。合うか合わないか。ただ、多くの人が心惹かれる文章、みんなが共感・感心するフレーズを生み出せる人がいます。メールに添えられたちょっとしたひとことでも、思わず「うまい！」とうなってしまう言葉に出会うことがあります。

書いている文章が面白かったりうまかったりする場合、書き手はかなりの確率で読書好きです。読む本の種類はそれぞれですが、何かしら好きなジャンルや作家があって、たくさん読んでいる人が多いのです。それくらい、「読む」ことと「書く」こととは密接に結びついています。

この人はきっと読書家だろうなという文章を書くのが、女優の杏さんです。エッセイなど何気ない文章や、インタビューなどの発言に読書の蓄積を感じます。エッセイ集『杏の気分ほろほろ』でも、仕事や育児に臨む日々の気づきが、小気味いいリズムの文体で綴《つづ》られています。実際、かなりの読書家で、本を紹介するラジオ番組のパーソナリティーを10年以上つとめていたほど。池波正太郎さんや司馬遼太郎さんの本などを愛読されているようです。

読書によって磨かれるのは語彙力・表現力だけでなく、着眼点のよさということもあります。

インスタグラムが流行り始めた頃、アップされる画像が空とラテアートばかりだった時期があります。青空も夕空も美しいですし、クマやウサギなど工夫されたラテアートはすごくフォトジェニックなのですが、みんなが一斉に同じようなことをやっているのは、ファッションや髪型の流行と同じで、何だか少し残念な感じがしました。

インスタグラムが人々に定着する中で、まったく独自の着眼点で撮った写真をアップする人たちがちらほらと現れました。みんなが乗っている流行・トレンドからはちょっと距離を置き、自分ならではの視点を発信する。同じ方向に向かう人たちの中で、立ち止まったり、横道にそれたりすることを楽しめる人は、凛として格好いいですよね。

テレビやSNSだけを見ていると、「付いていかなくては」という強迫観念が生まれてしまいます。みんながなぞっているもの、今流行っているものが正解で、それから外れてはいけない、という感じがしてくるのです。

でも、読書はもう少しマイペースなもの。流行の本ももちろんありますが、それだって猫も杓子《しゃくし》も読んでいるわけではありません。仮に同じ本を読んでいるとしても、本を読むという行為はひとりで本と向き合う時間であり、同じ本を読んでも、同じ感想にはなりません。

そして、いまみんながSNSに上げている食べ物は、数か月後には廃れているかもしれませんが、本が与えてくれるものは、もう少し時間的なスパンが長いものです。

少し腰を据えて、自ら選んだ本に、自分の個性ある感性で向き合う。

1日の中にそういう時間を持つことで、自分ならではの着眼点や感性が形成されていきます。そこから芋づる式に読書を進めていく中で、どんどん「自分」のある人になれます。

読書は、個性を育て、日常の生活や仕事におけるアウトプット力を高めてもくれるものなのです。

本は汚しても大丈夫

アウトプットに、自然に自分の内面的魅力がにじみ出る。そうなるためには、読んだ本から自分なりに深いインプットを目指したいものです。アウトプットにつながるインプット、とはどういうものでしょうか。

歴史などの教科書では、大事な部分が赤字・太字になっていたと思います。「しっかりインプット」というと、そうした重要点を全部覚え込むことだと思っている人がいます。たしかに資格試験のテキストはそういうふうに読むこともありますが、日常的な読書でそれをやるのは負担であり、読書が苦痛になってきます。

大人の読書のインプットに大事なのは、本を読みながら自分がいろいろなことを感じる部分です。


「この言葉を忘れたくない」

「ここ、大事なことだから、覚えておこう」

「この場面はまた読み返したいなあ」


そんなとき、その発見や感動が消えていかないようにしっかりと留《とど》める。それがインプットのポイントです。

私は読みながら、どんどん本にその形跡を残していきます。そのせいで本が多少汚れてしまっても構わない。自分にとって大切な箇所を見逃してしまう方がもったいないと思うからです。


私がよくやる3つの方法をご紹介します。

●付箋を貼る

紙の本を読む場合、私はどの本もたいていは「付箋」片手に読み始めます。幅3〜4ミリの細長い蛍光半透明の付箋がお気に入りです。愛用しているのは、100円ショップで購入した数百枚セットで売っているものです。付箋の場合、本自体は汚れないので、図書館などで借りた本の場合でも安心です（古い本だと文字の上に貼ると、印刷がはがれてしまうときがあるのですが……）。

最初に読み進めるときは、構成や細部の意味などをあまり深く考えすぎないで、重要そうなところ、個人的に気になるところ、うまく理解できないところなど、ちょっとでも意識がひっかかった点にどんどん貼っていきます。ちなみに私はいつも、1回目の通読で100枚くらいの付箋を貼ります。とにかく何かしらの痕跡を残す、という程度の意味合いです。わからない言葉などが出てきて、後でまとめて調べようと思う箇所には、感動ポイントとは付箋を貼る向きを変えると便利です。

本を読み終わったら、今度は付箋を貼ったところだけを拾い読みしていきます。このとき面白いのが、「え？　どうしてここに？」と思うところが出てくることです。自分で付箋を貼ったのに、しかも、そんなに時間が経ったわけでもないのに、もうすでに変化が現れています。最初は気になったけれど、最後まで読んだら納得した、とか、もっと後の方で別の良い表現を見つけた、ということが多いのですが、自分自身が成長していて、その程度では新鮮な発見ではなくなった、というケースもあります。

ここは要らないと思った箇所の付箋は外していけばいいのです。

●ページの隅を折る

付箋が手もとにないときはページの隅を折ってしまいましょう（借り物の本でなければ！）。これも、「基本は上の隅だけど、調べものをしたいところは下の隅」などとルールを決めておくと、後から見返すときに便利です。付箋のときと同様、読み終わったらもう一度、隅を折ったページだけを読んでいって、必要のなくなったところは折った箇所を元通りにしていきましょう。

この折り目のことを、dog ear（ドッグイヤー）といいます。見た目が、犬の耳に似ているからですね。

●線を引く

線を引くというやり方は、特にじっくり読みたい文章、難解な文章、データが出てくる文章などで有効です。論理展開を把握したり、重要点を見極めたりするには、一番効果的な方法でしょう。

以前、『三色ボールペンで読む日本語』（齋藤孝）がヒットしました。

赤：非常に重要で絶対にはずせない文章「すごく大事」
青：自分が重要だと思った箇所「まあ大事」
緑：自分が面白いと思った部分「おもしろい」

このように使い分けるそうです。この3色を守る必要はありませんが、参考になる考え方です。客観的に重要な部分だけでなく、主観で重要だと判断したところに引いてもいいのです。線を引きながら本を読むのは確かに集中力を高め、インプット力を上げてくれます。

電子書籍でも、大事な箇所にハイライトを付けることができ、線を引くのと同じようなスタイルで読むことができますね。

番外編としては、スマートフォンで写真を撮るという手もあります。電子書籍で読んでいるなら、スクリーンショットを保存すればいいのです。

自分だけの〝持ち歩き〟読書ノート

今、私の家には20冊ほどの「読書ノート」があります。最近は１年で平均２〜３冊のペースで増えているので、この先まだまだ増えていきそうです。

持ち歩いているのは２種類。１つは、メモ帳サイズの「語彙ノート」。難しい言葉が出てきたときに、読み方、意味を書き、自分なりに例文を作って書き込んでおきます。単に辞書の定義や例文を書き写すだけでなく、自ら例文を作成する一手間をかけ

語彙ノートの例

**気になった言葉や自分が知らなかった言葉を見つけたら
メモして読み方、意味を調べて書きだします。これは、
『義経』（司馬遼太郎）からピックアップした単語です。**

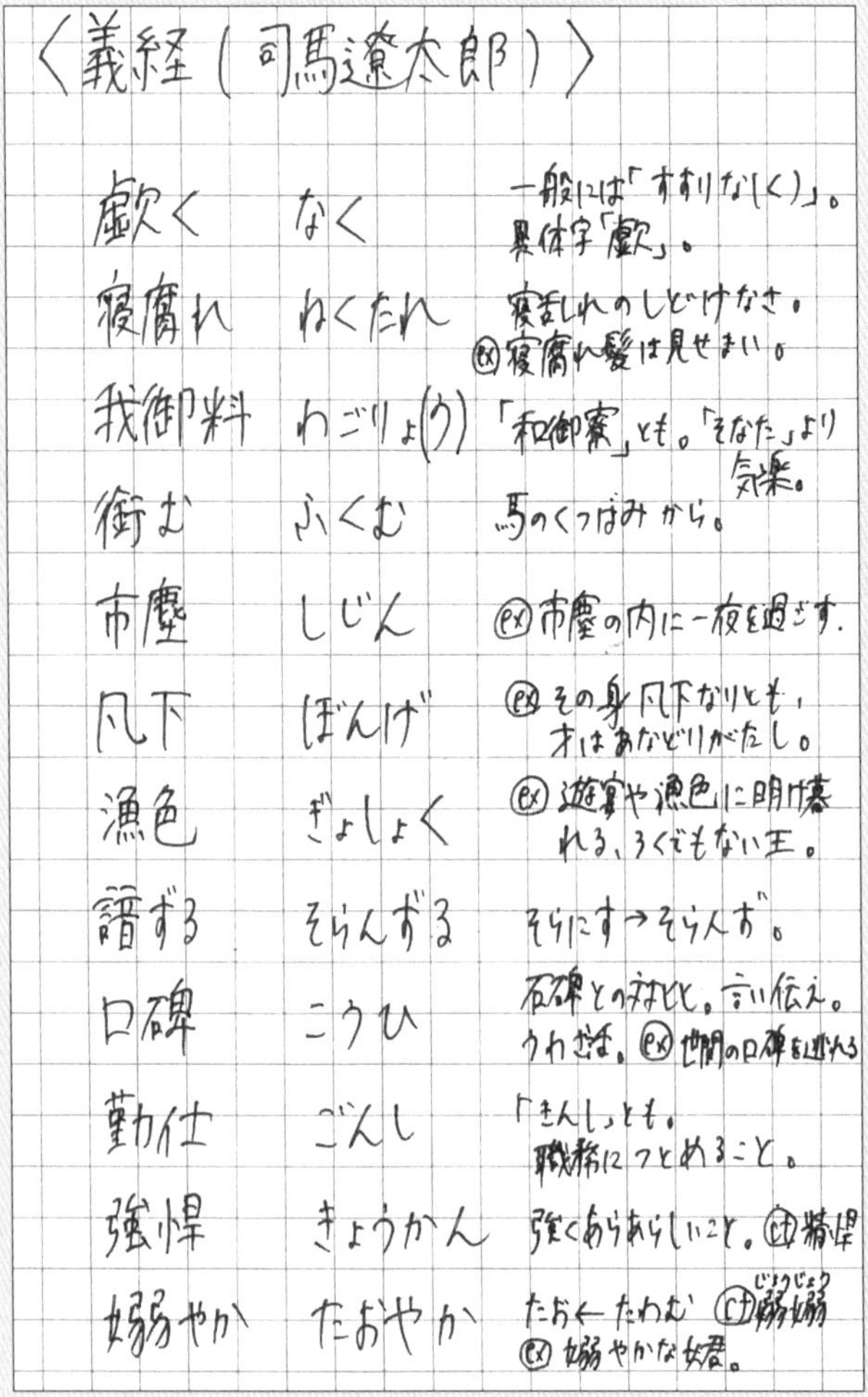

〈義経（司馬遼太郎）〉

歔く	なく	一般には「すすりな(く)」。異体字「歔」。
寝腐れ	ねくたれ	寝乱れのしどけなさ。ex 寝腐れ髪は見せまい。
我御料	わごりょ(う)	「和御寮」とも。「そなた」より気楽。
銜む	ふくむ	馬のくつばみから。
市塵	しじん	ex 市塵の内に一夜を過ごす.
凡下	ぼんげ	ex その身凡下なりとも、才はあなどりがたし。
漁色	ぎょしょく	ex 遊蕩や漁色に明け暮れる、ろくでもない王。
諳ずる	そらんずる	そらにす→そらんず。
口碑	こうひ	石碑との対比。言い伝え。うわさ。ex 世間の口碑をおそれる
勤仕	ごんし	「きんし」とも。職務につとめること。
強悍	きょうかん	強くあらあらしいこと。cf 精悍
嫋やか	たおやか	たおく←たわむ cf 嫋嫋《じょうじょう》 ex 嫋やかな女君。

ることで、「認知語彙」で終わらず、「使用語彙」に深まります。

そして、気になったフレーズや感想をどんどん書いていく「読書ノート」。

各ページの上に読んだ日付と書名。そして、後でその本について検索する必要があるときに使う最低限の情報。著者名や出版社名を書いておけば、大丈夫です。読んだ日付を書くのは「あの時期に読んだ本か〜」というのも記憶のスイッチになるからです。「旅先で雨が降って出かけられなかった日に読んだ」のような読んだときのシーン、「〇〇さんにすすめられて」などのきっかけがあれば、それも書いておきます。

このノートには、気になった内容をどんどん書き込んでいきます。付箋を貼った箇所を順に読んでいき、そのときにも大事だと思ったフレーズを書き写します。ブログなどに引用したい場合は、一言一句正確に、引用元のページ数も書いておきますが、そうでなければ、ざっくりでも構いません。

ノートを書くのは少々手間がかかりますし、集中力もいるので、休日の朝などにブランチをとりながら、書き留めることもしばしば。待ち合わせのときは、先にお店に入って、相手を待ちながら書き写すこともあります。そして、書き込んだ内容は、時間があるときに見直します。見直して、なお、心に突き刺さる内容は付箋を貼って目立たせることもあります。また、書き込まれた内容について考えたことや疑問に思ったことなどを、また書き加えることもあります。読書ノートを育てていくのです。

私はメモを取るとき、本の内容をそのままメモするのは黒色のボールペン、自分で考えたことは赤色のボールペン。要点を強調し、疑問点や本文の内容を身近な例に当てはめてみたことなどを書き留めています。そして、本をきっかけにプラスアルファで調べたことは青色で書いています。そうやって色分けしておくと、時間が経ってから見返すときにも、本の内容と自分の意見を区別できて便利です。

もともとノートに整理してまとめるのが好きな性格なので、付箋を貼ったところはさらに別の「傑作選ノート」や手帳に書き出すときもあります。印象深かった本はブログなどに感想をまとめることもあります。こうした行為を「昇格」と呼んでいます。

そこまで必ずやらなくてはいけないわけではありませんが、手を動かしてノートに書くという作業は記憶を留めるためには有効ですし、書き込んだノートは自分自身にとって大きな財産にもなります。

1冊の本を味わい尽くし、自分だけの語彙ノート・読書ノートを育ててください。

１行感想で「読んだ本を忘れない」

本屋さんの店頭で「あれ？　この本、読んだかな。どうだっけ？」と悩んだことはありませんか。中を数ページ読んでみても思い出せなくて、買って、帰って最後まで読んでから「やっぱり、これ、前に読んでたな」なんて気づくことも……。それが、何度でも読む価値のある（と自分で思える）本ならいいのですが、それほどではない場合には、結構ダメージが大きいですよね。お金も時間も、もったいない。

そこまでではなくても、
「読んだことは覚えている。でも、内容についてはまったく思い出せない……」
というケースは結構多いのではないでしょうか。特に、読んでから年数が経つと、そうなってしまいがちです。

読んだ本を忘れてしまうケースが多かったなあ、という人におすすめしたいのが、「１行感想メモ」です。

私の友人は、手帳で1行感想メモを実践しています。フリースペースに、上から読んだ本を記録していくのです。読んだ年月日、タイトル、著者名、そして、内容や感想をひとことだけ書き、「★5」「★2」などの五段階評価を書く。1行ですし、自分にとって響いたところを簡潔に書けばOKです。スペースが余れば、読んだきっかけなども書き添えます。

この1行感想は、メモやノートに記入してもいいですが、スマホに慣れている人たちならもっと手軽にアプリを使うという手もあります（第4章130ページ）。私も1行感想はアプリ派。書名で検索、もしくはバーコード撮影で簡単に登録でき、メモ欄に感想や読んだきっかけを入力すればOKです。

本をAmazonなどの通販サイトで購入することが多い人は、購入履歴がブックリストにもなります。

気に入った本はレビューを書き込むことを習慣化すると、自分の読書メモの代わりになることも。あなたの学びになるだけでなく、感想を寄せてもらえた著者は嬉しいですし、一石二鳥です。

読み終わったら本の表紙の写真とともに、ひとこと感想を書いたものをＳＮＳにアップしておく、という方法もいいでしょう。感想も面倒だったら「＃読んだ本」としてタイトルをツイートしておくだけでもメモになっていいと思います。Twitterやインスタグラムには、読書記録をつぶやく専用の読書アカウントを作っている人がたくさんいます。ハッシュタグを適切につけておけば、ＳＮＳでの読書報告には、同じ本を読んだ人からのコメントがつくこともあって、そこで生まれる交流も楽しいものです。

オリジナル名言メモを作ろう

以前に勤めていた会社で入社試験の面接を担当したことがあります。同僚の面接官が、

「あなたの座右の銘は？」

という質問をしました。これに対して、学生たちがあまりうまく答えられなかったの

で、驚きました。いかにも面接で聞かれそうな質問なので、準備していてもおかしくなさそうですが……。

それに面接が控えていなかったとしても、ある程度の年齢になったら、自分の座右の銘を持っていたいと思います。

「座右の銘」というのは自分自身の行動や思考の指針になる言葉で、強い言葉の力によって深く支えてくれるものです。迷ったときや悩んだときのために、あらかじめ持っておくに越したことはありません。

ひとつのモットーを大事に、というのもいいですが、いくつか貯めておくと、その時々のメンタルの状態に合わせて適切なものを思い出し、力強い行動につなげることができます。

名言集や名言カレンダーなどもありますが、やはり自分の座右の銘は自分自身で選びたいものです。どんな言葉が胸に響くかは、びっくりするほどに個人差がありますから。また、自分自身でも、年齢や状況によって心に響く言葉は変化します。

だから、ぜひ自分のオリジナルの名言（座右の銘）メモを作っていきましょう。私は手帳にメモしたり、Evernoteという記録アプリにまとめたりしています。知り合いから言われたこと、歌の歌詞などの場合もあるでしょうし、やはり、本の中で出会うものが多いのではないでしょうか。

日付などもメモしておくと、後で見返したときに、

「このとき、この言葉が刺さったのは、上司との関係に悩んでたからだな」

なんてことを思い出すこともあれば、

「このときは、恋してたからなあ……」

などと甘酸っぱい思い出がひょっこり顔を出すこともあるかもしれませんね。

つまり、自分だけの名言メモは、自分自身を振り返るための貴重なツールにもなるのです。これは、個人的意見ではありますが、名言メモを作り、なぜこの言葉が大事だと思ったか、どう行動につなげていこうかと考える内省の時間を取れば、自己啓発セミナー数十万円分の価値がありますよ。

読書会に出てみよう

このところ、読書会の話題をよく耳にするようになりました。小さいものから大きいものまで、至る所で開催されています。

元々、本を読むという行為自体はひとりでするものです。本から感じる思いは自分だけのものだし、そこには他者と比較しての優劣は存在しません。誤読や脱線も含めて、自分だけの読書体験。全部、主観でOKです。

しかし、同じ本を読んだ他人がどんなことを感じたか、どこに心惹かれたかを聞くことで、1冊の本の読書体験が何倍にも広がる可能性があります。自分の読書力で70くらいのものを手にできたとして、そこに他人が手にしたものを加えることができれば100になったり150になったりと増えていくことがあるのです。

自分の中ではモヤモヤしていたことが、他人の感想を聞くことで理解が進むこともあれば、逆に、他人の意見がまったくの見当違いなように思えて、「これはこうなんだけどなあ」と、本への思い入れがより深まるなどという展開もあるでしょう。本をたくさんは読まない人の場合、読んだ1冊からより多くのことを吸収するためにも、読書会はいい機会だと思います。

会社や職場、仲間内で読書会を開催するのもおすすめです。たとえば、新しいプロジェクトが始まる前。チーム全員である程度、共通の前提知識を持っておきたいものです。そのときに、課題本と期限を決め、各人で読みます。全員が読み終わったタイミングで読書会。それぞれが得た学び、疑問点、気づき、面白いと感じた部分、などを発表し合うと、その本をより深く理解できるようになりますし、1冊の本を媒介にしてお互いの理解も深まります。

趣味の仲間同士で、ゆるくつながっての読書会も可能です。

私は、Twitterの趣味アカウントでつながっている仲間と、あるマンガの最新刊をみんなで一斉に読もう、という企画をやったことがあります。最新刊発売日の夜22時、みんなで「せーの!」で読み始める(それまでは読むのを我慢!)。そして、読み終えた人から、共通のハッシュタグを使って感想を投稿する。自分の投稿が一段落したら、ハッシュタグをたどって共感した感想に「いいね」や「リツイート」をしたり、返信を寄せたりする。一種の「祭り」状態になって、大変楽しい時間でした。

他にも、読書会を自ら主宰することで、自分の読書の機会を作っています。

1つは、夫婦間の読書会。

家にいると、ダラダラしたまま終わってしまいそうな休日、各人が読みたいと思いつつ読めずにいた積読《つんどく》本を持って喫茶店などに出かけます。コーヒーをお供に、それぞれ自分の本に没頭。ひと区切りがついた頃、どんな本だったか軽く情報交換をするのです。「ここ面白かったから3ページ分読んで！」と見せ合うことも。そう、読書会はみんなが同じ本同士でなくてもいいのです。

もう1つは、古典の大作『源氏物語』の読書会。

現代語訳では読み通したこともあり、授業で使用する範囲やその周辺の物語を古文原文で読むことはよくあるのですが、最初から最後まで、原文で順に読み通したことはまだありません。あまりに大きな目標ゆえ後回しになっていました。

ただ、「忙しい」を言い訳にしていては一生読めません。そこで、読むきっかけとして読書会を始めることにしました。

月1回、集まって『源氏物語』を順に読んでいきましょう！　自分で周囲にそう呼びかけた以上、読まないわけにはいかないですよね。5、6年かけて54帖を読み切る予定です。読み終えたときのことを想像して、今からワクワクしています。

- ☑ 読書で語彙を蓄積すれば、SNSの文章力・着眼点もアップする。
- ☑ 一言感想・名言などを書き留めた、自分だけの読書ノートを作る。

読書後のアウトプットを鍛える

本は読むだけで十分素晴らしいのですが、アウトプットができれば、さらに豊かな読書体験に。ここでは、本を自分のものとして消化し、読みを深めるヒントとなる本を集めました。

インプットとアウトプットの基本を解く1冊

思考の整理学

創造的な思考のために、どう学び、どう過ごすべきか。普遍的な内容をおだやかな語り口で述べ、ロングセラーとなっている1冊です。「東大・京大の生協で一番売れた本」としても有名。メモはどう取るか。気づきはどう深め、育てるか。寝かせることはどうして大切なのか。

外山滋比古
ちくま文庫

名著の概要も、本のまとめ方も学べる本

大人のための世界の名著50

『ハムレット』『論語』『種の起源』など、教養として知っておきたい世界的名著のエッセンスを知ることができる1冊です。同著者で『日本の名著50』も出ています。要約、読みどころのピックアップ、関連文献への展開というアウトプットの型は、自身の読書にも応用できるはず。

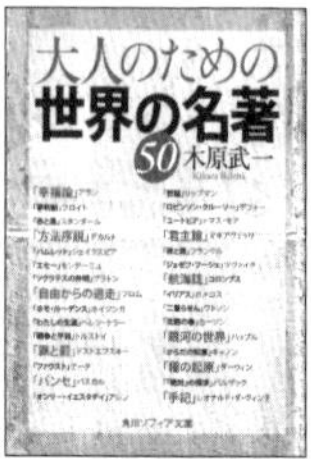

木原武一
KADOKAWA
角川ソフィア文庫

人生を導く本とのめぐりあいのために

本を読めなくなった人のための読書論

多読や速読がもてはやされる世の中ですが、本当にそうなのでしょうか？ＮＨＫＥテレ『100分de名著』のナビゲーターを複数回務めている若松氏からの問題提起。焦らず、正解を求めず、自分らしく本と付き合うには。書くことを通じて深く本と対話するには。

若松英輔
亜紀書房

気づきや学びを行動につなげる技術

学びを結果に変える アウトプット大全

著者曰く、インプット：アウトプット＝3：7が黄金バランス。そんな大事なアウトプットにどう取り組むか、多くのやり方を紹介している本です。アウトプットのコツは、自分に合う方法を見つけ、習慣化すること。本書なら、あなたに合った方法も見つかるはずです。

樺沢紫苑
サンクチュアリ出版

おわりに——人脈より本脈を

大学生や社会人になると、「人脈が大事だ」と言われるようになります。「成功には人脈がカギだ！」「社外のセミナーに参加して、人脈を広げよう！」とか。

私は、こういう発言を耳にするたびに違和感を持ちます。自分の得を考えて人とつながるなんて利己的で虚しいことだなあ、と白けてしまいます。一緒に学校生活を送る、仕事をする。そうして時間を共にしたことで、信頼関係ができる。そうしたつながりこそが、人脈ではないのかなあと思います。

あえて人脈を広げることはしてこなかった私ですが、それでも、たくさんの素敵な友人がいます。それぞれの分野で、自分のつとめをがんばっている仲間がいます。何か分からないことがあったとき、その分野に詳しい友人に助けてもらうことが多くあります。

たとえば、塾で生徒が「ある職業を目指したいが、どうしたらいいか」と相談してきたときには、近い仕事をしている友人に連絡して業界事情を教えてもらい、生徒に伝えています。こういうとき、人脈のありがたさを感じています。

ただし、友人・知人に教えてもらう際には、ひとつ落とし穴があります。それは、情報の質をこちらは判断することができないということです。その情報はどれぐらい深いものなのか、そもそも正しいのか。

中には、頼られたのが嬉しくて、知ったかぶりで答える人もいます。間違ってはいないにしても、その人の偏見が入っていることもあります。返ってきた答えに、「あれ、少しあやしいなあ」と思っても、別の適任者を見つけるのは難しいし、せっかく教えてくれたのに、それを活かさないのも気まずく、失礼な感じがして……。

その点、本の場合は、気兼ねなく堂々とセカンドオピニオンを取ることができます。何なら、3つでも4つでも。おかしいなあと思ったときには、複数の本を読んで比較・検討することができます。

また、本はいつでも何度でも情報を取り出せます。これが、人の場合だったらどうでしょう。同じ質問を同じ人に繰り返し聞くと、3回目くらいで呆れられ、怒鳴られてしまいそうです。本は全部の内容を理解したり覚えたりしなくても、「この本の○ページを見ればいい」「これについては、あの本が参考になる」ということだけ覚えておけば、何度でも読み返し、参考にすることができます。本は根気強く何回でも私たちに語りかけるのです。

何かが分からないとき、困ったとき、悩んだとき、本に頼れると本当に便利です。

「○○を知りたいときは、あの本に書いてある」
「△△の分野を調べたいときは、あの出版社の本が参考になる」
「◇◇先生の本を読めば、○○がわかる」

そういう本のリストを持っておきましょう。それこそ、人脈ならぬ「本脈」です。いつでも頼りになる、頼もしい存在。自分ひとりでは解決できないことを、本の力も借りれば解決できます。本脈が広がれば広がるほど、深まれば深まるほど、自信がつきます。

「10分」から始める読書習慣が「本脈」を育てます。そうやって積み上がっていくあなた自身の「本脈」は、あなたのそばで、あなたの人生をしっかりと支えてくれるでしょう。

読書で人生に輝きと潤いを！

国語講師　吉田裕子

本文中の紹介書籍より

序　章「読書」はコスパが抜群！

芦田愛菜『まなの本棚』　小学館
年100冊以上読む彼女がよりすぐりの100冊を紹介。そのラインナップには驚かされます。京都大学iPS細胞研究所所長の山中伸弥さん、作家の辻村深月さんとの対談も。

エレナ・ポーター　村岡花子訳『少女パレアナ』　角川文庫クラシックス
みなしごになったパレアナは、父から学んだ「喜びの遊び」で苦境を乗り越え、周囲を明るくしていきます。この時期の海外文学の翻訳ならではの文体も癖になります。

第１章　本を読むことで得られるもの

齋藤孝『語彙力こそが教養である』　角川新書
近年の語彙力ブームの火付け役となった本。特に、ビジネスで、中堅以上の立場になった人向けに書かれています。読書術の他、テレビやネットの活用法など。

第２章　１日10分読書から始めよう

伊坂幸犬郎ほか『Wonderful Story』　PHP研究所
伊坂幸太郎→伊坂幸「犬」郎など、人気作家５名が犬にちなんだペンネームに改名して登場する「ワンソロジー」です。犬というお題へのアプローチも五者五様。

山田詠美編『せつない話』　光文社文庫
恋愛小説の名手・山田詠美さんの選んだもので、前半は日本の作家、後半には海外の作家がおさめられています。少し古めの作品が中心。山田さんのあとがきも必読です。

第３章「今すぐ効く本」「じわじわ効いてくる本」

紫式部『源氏物語』
文体からも優美な雰囲気を感じられる瀬戸内寂聴訳。熟語多めの文体に慣れた歴史小説好きは林望訳。読みやすさは角田光代訳。角川ビギナーズ・クラシックスもオススメ。

鷺沢萠『海の鳥・空の魚』　角川文庫
20作の掌編集。思うようにはいかない日々の中、まれに出くわす光。その場面を鋭く切り出しています。やや堅めの文体なのに、行間に温かさやほろ苦さがにじみ出ています。

トニ・モリスン　金田眞澄訳『ソロモンの歌』　ハヤカワepi文庫
オバマ前米国大統領も激賞する本です。トニ・モリスンは1993年のノーベル文学賞受賞者。黒人の主人公が自身のルーツをたどる過程を神話的要素を盛り込みながら綴ります。

おかざき真里『サプリ』　祥伝社
広告代理店で働く藤井ミナミを主人公としつつ、働く女性たちを描く群像劇的マンガ。徹夜に休日出勤と、業界経験のある作者だからこそのリアル。珠玉のセリフが多々。

南木佳士『ダイヤモンドダスト』　文春文庫
地方の総合病院に勤める医師でもある著者の芥川賞受賞作。看護師の男性の視点から、入院患者の中で生まれる交流や、人の死を描く表題作など４編の短編集です。

横山泰行『「のび太」が教えてくれたこと』　アスコム

著者はマンガ『ドラえもん』に目を通し、全46959のセリフの中から、のび太の名言を抽出しました。特に、真面目過ぎて疲れてしまうタイプの人にオススメです。

鴻上尚史『鴻上尚史のほがらか人生相談』　朝日新聞出版

著者は劇団「第三舞台」を立ち上げた劇作家・演出家です。だからこそ、相談者の人物像を豊かに想像できるのでしょう。悩みに寄り添う名回答はネットでも話題に。

高橋源一郎『誰にも相談できません　みんなのなやみ　ぼくのこたえ』
毎日新聞出版

毎日新聞の人気コーナーの書籍化。深刻な相談も多いですが、時に励まし時に叱る高橋さんの回答を読むことで、自分の悩みまで客観視できるような感覚を覚えます。

幡野広志『なんで僕に聞くんだろう。』　幻冬舎

著者は写真家で、余命宣告を受けたガン患者でもあります。人柄ゆえか状況ゆえか、率直でありつつ、真に大事なものを大事にしようとする著者の姿勢に惹かれます。

第4章「吉田式読書」私が読書で得てきたもの

スティーブン・R・コヴィー『7つの習慣』キングベアー出版

表面的なスキル云々ではなく、根本的に人格を成長させることを目指す本。「主体的である」「Win-Winを考える」などの習慣が紹介されています。連動した手帳もあります。

松下幸之助『道をひらく』　PHP研究所

現・パナソニックの創業者である著者が、仕事や人生に誠実に臨む大切さを説いた本。1968年刊行ながら今でもランキングに入る本で、累計500万部以上の大ベストセラー。

藤田晋『渋谷ではたらく社長の告白〈新装版〉』　幻冬舎文庫

サイバーエージェントの創業・拡大の裏側。起業を志す人だけでなく、仕事をする全ての人に響くものがあるはずです。単純にドラマチックな読み物としても面白い本。

野口美佳『男前経営論――ピーチ・ジョンの成功哲学』　東洋経済新報社

下着メーカーとして有名なピーチ・ジョン。その商品開発や広告戦略に加え、カリスマ女性社長として一世を風靡した著者の仕事哲学やストーリーを綴っています。

江國香織『落下する夕方』　角川文庫

主人公の梨果は、長年の恋人・健吾に突然フラれてしまう。好きな人ができたというのだが、よりにもよってその女・華子が梨果の家に転がり込んできて……。

山里亮太『天才になりたい』朝日新書『天才はあきらめた』　朝日文庫

南海キャンディーズ・山ちゃんが、自身の限界（＝天才ではない）を感じつつも、あがき、何とか夢に近づこうとした軌跡。嫉妬や弱さも隠さず描いています。

矢部太郎『大家さんと僕』『大家さんと僕　これから』　新潮社

エッセイマンガ。芸人のカラテカ・矢部太郎さんが偶然借りた一軒家。2階に暮らすうち、1階に住む大家さん（上品なおばあさん）と交流が深まっていきます。

若林正恭『ナナメの夕暮れ』　文藝春秋

エッセイ集。長年こじらせ系で、重度の人見知りだった若林さん。年を重ね、ゴルフなど新しい世界を広げる中で、少しずつ「生き辛さ」を卒業していきます。

BSジャパン／若林正恭ほか編『ご本、出しときますね?』　ポプラ社

BSジャパンで放送されていた対談形式のトーク番組がもとになった本です。本好きの若林さんと、20人の人気作家がマイルールを語り合います。

坂東眞理子『女性の品格』　PHP新書

今や、「女らしさ」は死語、あるいは、政治的に不適切な語になりつつありますが、この本に書かれているのは、人として信頼される魅力的な大人のお作法です。

佐藤愛子『九十歳。何がめでたい』　小学館
大正 12 年生まれの著者。身体の故障を嘆き、時代の進歩に怒り、年若い人たちを叱咤激励。厳しい言葉もありますが、たくさん笑って温かい気持ちになります。

西野亮廣『革命のファンファーレ　現代のお金と広告』　幻冬舎
お笑いコンビ・キングコングの西野さんが、絵本作家になり、クラウドファンディングを活用して巨大プロジェクトを動かすに至った経緯、その裏にある新時代の考え方。

にしのあきひろ『えんとつ町のプペル』　幻冬舎
絵本にしては異例の 40 万部超えのベストセラー。緻密で美しい絵と感動のストーリーがたまりません。2020 年の年末に同タイトルの映画が公開予定です。

西野亮廣『グッド・コマーシャル』　幻冬舎よしもと文庫
舞台の脚本がもとになっていることもあって、軽妙な文体。コメディなので、どこかコントの台本のような感じがします。テンポよく読み進めて大笑いできます。

じん原著　伊藤賀一監修
『「カゲロウデイズ」で中学歴史が面白いほどわかる本』　KADOKAWA
マンガ形式で、キャラクターが要点をレクチャー。マンガ内にはイラスト資料や地図も充実しており、要点整理・問題演習もあるので、教材としての実用性も高いです。

鈴木敏彦『これならわかる！　ナビゲーター世界史 B』　山川出版社
教科書の文章が苦手な人も、少し話し言葉ふうに書かれたこの本なら読みやすいのでは。要点や因果関係が分かりやすく、理解が進みます。

荒巻豊志『荒巻の新世界史の見取り図　（上・中・下）』ナガセ
流れや背景に力を入れた解説書。語り口も面白く、一気に読めます。初めて読んだとき、断片的に身につけていた知識がつながる感覚がして嬉しかったものです。

大和和紀『あさきゆめみし』講談社コミックス mimi
源氏物語を訳した瀬戸内寂聴さんも大絶賛したマンガ版・源氏物語。一部を補いつつも、原作に忠実。繊細で美しい絵柄も、平安の雅に酔いしれる助けとなります。

花園あずき『はやげん！〜はやよみ源氏物語〜』新書館ウィングス・コミックス
源氏物語 54 帖をマンガで 200 ページに要約しています。今ふうでデフォルメのきいた絵柄ですし、若い人にもとっつきやすい源氏物語入門本です。

小川陽子監修『学研まんが　日本の古典　まんがで読む源氏物語』学研プラス
第一部・第二部を大まかにカバー。家系図やコラムも理解を助けてくれます。抜けているキャラクターや第三部のお話は、他の本でカバーしたいところです。

林真理子・山本淳子『誰も教えてくれなかった『源氏物語』本当の面白さ』　小学館 101 新書
現代的な感覚の作家・林真理子さんを生徒役に、山本淳子さんが時代背景や物語の面白さをレクチャー。自分が源氏物語の女君の中で誰に似ているかを診断できるチャートも。

前田裕二　『メモの魔力』　幻冬舎
気鋭の若手経営者の驚異のメモ術。単なる覚え書きで終わらせず、そこから法則を導き、自分の実際の活動に活かすためのやり方を紹介している。自己分析のための質問 1000 問は圧巻。

第５章　読書後のアウトプットの楽しみ

杏『杏の気分ほろほろ』　朝日文庫
テレビドラマ『平清盛』『ごちそうさん』『花咲舞が黙ってない』『デート〜恋とはどんなものかしら〜』の撮影時に感じたことなども綴られているので、作品のファンもぜひ。

齋藤孝『三色ボールペンで読む日本語』　角川文庫
客観的に見ても重要な点は？　個人的な主観でおもしろかったところは？　色を使い分けつつ、線を引きながら本を読むことで、読書の姿勢が能動的になります。

吉田裕子　よしだゆうこ

国語講師。地方の公立高校から塾・予備校を使わずに東京大学文科三類に現役合格。教養学部超域文化科学科を学科首席で卒業。働きながら、慶應義塾大学文学部を卒業、放送大学大学院を修了。通信制大学の学業と、仕事とを両立する中で編み出した勉強法・思考法などを発信している。大学受験 Gnoble で教えつつ、カルチャースクールでの大人向け古典講座、言葉遣いや文章術の企業研修も担当する。著書に『大人の語彙力が使える順できちんと身につく本』（かんき出版）『人生が変わる読書術』（柑出版社）『大人に必要な「読解力」がきちんと身につく 読みトレ』（大和書房）などがある。

http://infinity0105.com

編集協力／白鳥美子

装丁／篠田直樹 (bright light)

明日《あした》の自分《じぶん》が確実《かくじつ》に変《か》わる

10分読書《ぶんどくしょ》

2020年4月29日　第1刷発行
2021年6月19日　第2刷発行

著　者　吉田《よしだ》　裕子《ゆうこ》

発行者　樋口　尚也
発行所　株式会社　集英社
〒101-8050 東京都千代田区一ツ橋2-5-10
電話　編集部　03-3230-6137
読者係　03-3230-6080
販売部　03-3230-6393（書店専用）

印刷所　大日本印刷株式会社
製本所　加藤製本株式会社

 ISBN978-4-08-786127-3　C0095